南京市高等教育人才培养创新实验基地项目：
基于教学做合一的经管专业高素质应用型人才培养创新实验基地

新建应用型本科实践教学体系构建研究

——以商科专业为例

赵 彤 著

东南大学出版社
SOUTHEAST UNIVERSITY PRESS
·南京·

图书在版编目(CIP)数据

新建应用型本科实践教学体系构建研究：以商科专业为例 / 赵彤著. —南京：东南大学出版社，2016.12

ISBN 978-7-5641-6993-0

Ⅰ.①新… Ⅱ.①赵… Ⅲ.①高等学校—贸易—教学研究—中国 Ⅳ.①F7-4

中国版本图书馆 CIP 数据核字(2016)第 317255 号

新建应用型本科实践教学体系构建研究——以商科专业为例

出版发行	东南大学出版社
出 版 人	江建中
社　　址	南京市四牌楼 2 号(邮编:210096)
网　　址	http://www.seupress.com
责任编辑	孙松茜(E-mail:ssq19972002@aliyun.com)
经　　销	全国各地新华书店
印　　刷	虎彩印艺股份有限公司
开　　本	700mm×1000mm 1/16
印　　张	10.25
字　　数	207 千字
版　　次	2016 年 12 月第 1 版
印　　次	2016 年 12 月第 1 次印刷
书　　号	ISBN 978-7-5641-6993-0
定　　价	39.80 元

(本社图书若有印装质量问题,请直接与营销部联系。电话:025-83791830)

目　录

第一章　绪论 …… 1

一、研究背景与研究意义 …… 3
二、相关概念界定 …… 9
三、研究思路与方法 …… 13
四、研究主要内容与框架 …… 14
五、本章小结 …… 16

第二章　文献综述 …… 17

一、构建应用型本科实践教学体系的理论基础 …… 19
二、代表性学术观点 …… 27
三、相关政策回顾 …… 33
四、本章小结 …… 37

第三章　应用型本科实践教学现状及影响因素分析 …… 39

一、高等教育实践教学的发展与演变 …… 41
二、应用型本科实践教学总体状况评价——基于商科专业调查 …… 45
三、应用型本科实践教学体系存在问题分析 …… 48
四、应用型本科实践教学体系构建影响因素分析 …… 55
五、本章小结 …… 65

第四章　应用型本科实践教学体系构建的经验借鉴 …… 67

一、典型高校实践教学体系建设经验借鉴 …… 69
二、国内高校实践教学建设经验借鉴 …… 84
三、本章小结 …… 91

第五章 应用型本科实践教学体系的理论模型构建 …… 93
一、实践教学体系构建的原则 …… 95
二、实践教学体系的理论模型构建 …… 98
三、本章小结 …… 119
第六章 个案研究 …… 121
一、案例研究目的及财务管理专业简介 …… 123
二、财务管理专业实践教学体系结构——“12531”模型 …… 124
三、实践教学目标体系:形成多层次的目标体系 …… 127
四、实践教学内容:以学生能力培养为核心 …… 128
五、实践教学途径:校内途径和校外途径 …… 136
六、实践教学管理体系:学校、教师和学生 …… 139
七、实践教学保障体系:资源设备和后勤管理 …… 142
八、本章小结 …… 144
展望 …… 145
参考文献 …… 146
附录 1 二级学院领导(或专业负责人、专业教师)访谈提纲 …… 151
附录 2 关于商科专业实践教学的调查问卷 …… 152
附录 3 财务管理专业实训实施情况访谈问卷(学生) …… 156
附录 4 财务管理专业毕业实习情况问卷调查 …… 157
后记 …… 159

第一章
绪　论

本章介绍了本书的研究背景与研究意义，界定了相关概念，简要概括了本书的研究内容与研究框架、研究思路与研究方法，以期读者对本书有一个基本了解，以便进一步阅读。

一、研究背景与研究意义

（一）研究背景

1. 大学生就业难题已成为政府、社会和高校关注的现实问题

从20世纪末到21世纪初，随着我国科技进步和经济的飞跃发展，经济结构的战略性调整使生产过程的技术含量大幅度增加，接受国际先进技术和经验的步伐不断加快，对劳动力整体的技术素质要求日益提高，社会经济成分的多样性、利益主体的多元性、生产目的和消费需求的多层多类性以及区域经济发展的不平衡性对人才培养提出了多类型、多层次的需求。经济社会的发展要求高等教育必须紧密跟进，要培养“数以千万计的各类专门人才”。由此可见，我国建设创新型国家、人力资源强国、高等教育强国以及基本实现现代化目标的需要，为我国高等教育的大众化提供了土壤和历史机遇。随着高等教育的快速发展，我国大学毕业生的数量突飞猛进。《国家中长期教育改革和发展规划纲要(2010—2020)》(以下简称《纲要》)提出“到2020年我国高等教育毛入学率40%”的目标。由于我国各地区高等教育发展的不均衡性，《纲要》提出的毛入学率40%只是一个最低标准，多数省市都会超出这个比率。北京、上海、天津的毛入学率2005年已经超过50%，达到普及化标准了。可以说，我国高等教育已进入普及化阶段。据教育部公布的数据，2001年我国大学应届毕业生数为114万，2016年我国大学应届毕业生数为765万，15年的时间人数增长了5.7倍。大学生就业压力进一步增大，大学生就业难已成为政府、社会和高校普遍关注的现实问题。2016年5月6日，李克强在人社部考察时强调，要重点关注大中专毕业生、农民工的就业难问题。对于大学生就业，他明确要落实和完善大学生就业促进计划和创业引领计划。

2. 大学生就业难题与高校实践教学环节薄弱直接相关

大学生就业是一个综合性的问题，与诸多因素有关，而企业用人制度变革和高校人才培养模式学科化倾向是影响大学生就业的主要因素。目前，高校人才培养模式往往学科化、基础性和研究性倾向严重，针对性不够，面向生产一线解决实际问题少。这种人才培养目标定位和规格与社会的实际需要不相适应，企业找不到合适的人才，而高校的毕业生又找不到相应的工作，这是高校学生

就业难的主要原因。提升大学生就业能力，成为大学毕业生能否就业的关键。[①]高校实践教学是学生从学习理论知识到走向社会的桥梁，对提高学生综合素质，培养学生创新精神和实践能力有着理论教学不可替代的特殊作用。[②]

国家非常重视高校学生实践能力的培养。《中共中央关于构建社会主义和谐社会若干重大问题的决定》明确要求：要注重增强学生的实践能力、创造能力和就业能力、创业能力。《纲要》强调，要加强实验室、校内外实习基地、课程教材等教学基本建设，支持学生参与科学研究，强化实践教学环节；推进创业教育。创立高校与科研院所、行业企业联合培养人才的新机制。可见，实践教学是高等学校学生培养体系的重要组成部分，是培养大学生实践能力和创新精神的重要手段，是提高大学生综合素质的关键环节。教育部也在2007年本科教学水平评估中，对各专业实践教学环节做出了明确的规定，并在检查中进行了详细认真的检查，其中包括实践教学环节在全程教学计划中所占的比例、实践教学条件的投入和使用情况、学生实践能力的测评等。虽然各高校大部分也都按照教育部的要求对实践教学进行了设计和实施，但很多高校还存在对实践教学的重视程度不够、实践教学资金与人员配备不到位、实践教学流于形式、实践教学内容与社会需求相脱节等现象。[③] 很多高校还存在重纸面上的实践报告、轻学生实际的实践能力培养的现象。部分教师对实践教学在认识上还重视不够，认为重视实践能力的培养必然会降低对学生专业基础理论知识的要求，把实践课当成理论课的补充，没有把培养学生动手能力和分析问题的能力放在首位，而是利用实践课来加深有关理论课的理解和掌握。要解决就业问题，高等学校必须在主动适应社会对人才的要求方面进行重大改革，必须深入企业调研，了解企业实际需求，从人才培养目标和理念、教学方法和组织形式以及管理机制等方面增强针对性和实用性，切实培养学生的实践能力和创新能力，增强毕业生就业竞争力，以适应社会对专业人才的需求。

3. 加强实践教学是应用型本科院校人才培养的必然要求

在高等教育大众化、经济全球化、工业现代化和教育国际化的发展潮流背

---

① 闫卫锋，裴春燕. 市场导向与就业能力培养[J]. 集团经济研究，2006(10)：240－240.

② 周正钟. 实践教育在高等教育体系中的效用浅析——实践教育：跨越现实与理想的桥梁[J]. 成人高等教育，2010(2)：23－25.

③ 宋兆珺，王爱玲. 以就业为导向的实践教学研究初探[J]. 中国成人教育，2011(8)：153－154.

景下，为了满足经济社会发展对人才的规模和质量需求、优化高等教育的布局结构，自 1999 年开始，高等教育较快速地展开了扩招，同时一批新建本科院校应时而生。1999 年以来通过合并、升格等方式新设了一批为地方经济社会发展培养人才、提供服务的普通本科院校。截至 2012 年，这类高校共有 647 所，约占全国普通本科高等学校总数的 55.3%，占非“211”普通本科高校数量的 61.3%。其招生规模和在校生人数所占比例也都超过了 50%。新建本科院校(含独立学院)已成为我国高等教育体系的重要组成部分，在我国高等教育大众化进程中，起了不可替代的作用，是我国高等教育结构调整的生力军，为我国现代化职业教育体系建设作出新的贡献。这些新建本科院校分布范围广，从中心城市到少数县级城市，其中 60%以上在地市级城市。其生源大部分来自地方，管理上以省市为主，有一部分为民办新建本科院校。

从横向比较看，我国“985 工程”“211 工程”大学办学历史悠久、办学传统和模式比较稳定、师资条件好、科研项目多，主要承担为国家培养具有国际竞争力的创新型精英人才，其本科生人才培养定位于“研究生的基础教育”，未来的毕业生绝大部分进入研究生教育，继续深造；而新建本科院校特殊的发展历程决定了这些学校的办学使命是以培养地方需要的应用型人才和为地方经济社会发展服务为根本宗旨(或主体任务)。这类院校要紧密结合职业市场的需求和变化，更加注重岗位能力的培养，以便学生毕业后进入职业市场，顺利实现就业。① 因此，这些新建本科院校在实践高校四大职能、办应用型本科教育上与传统的“985”和“211”高校应有很多不同特征，或具有更加鲜明的目标特征指向。

经过多年的实践，新建本科高校走应用型发展之路已经成为专家学者与新建本科院校领导的共识。潘懋元参考联合国教科文组织的分类，结合中国高等教育机构实际指出：“新建本科院校理论上有三种选择办高水平的职业技术教育。(1) 原来是高职，现在仍然办高职，不过是高水平的高职。比如台湾就是这样做的。台湾的高职跟普通的高等学校是两个并立的系统，它和我们的高等职业技术学院不同，它叫高等技术职业学校。技术职业学校从中等技术职业学校，到高等技术职业专科学校，再上升到技职学院，最后可达到科技大学。(2) 朝专业性应用型的高等教育发展。就是到本科时成为应用型的专业性的院校，培养本科层次各个专业的应用型人才。(3) 朝学术型、研究型发展，有的

① 刘国买.应用型人才综合素质和创新能力培养的探讨[J].中国大学教学，2009(7)：73－76.

资料中也表述为向综合性研究型的高等教育发展。就是朝"工程"大学发展，最后是朝北大、清华这类学术型、研究型大学发展。也就是学校升本后，首先通过评估，然后申请硕士点，再然后经过几年努力申请博士点，走以清华、北大为榜样的路子，千军万马挤向学术型、研究型大学这座独木桥。之前新建本科院校可以说绝大多数都是这样设计的。上述三种选择理论上都可行，但实际上，第一种选择在我国现行制度上还未建立，第三种选择只能是极个别高校，不适合所有新建本科高校的发展，因此，新建本科院校的选择就是成为应用专业性的院校，培养本科层次的专业应用型人才。"[①]孔繁敏等对应用型大学的基本特征表述为"一为行业或地方区域经济社会发展服务；二是人才培养目标以应用型人才培养为目标；三是专业设置以新兴专业或新的专业培养方向为主体；四是以面向应用作为专业建设的基本指导思想；五是以构建应用型学科体系、发展应用科学研究作为学科建设的指导思想；六是课程体系设计强调学科和应用两个方面，两个体系之间是建设和应用培养的关系而非主从关系；七是学科性教学方法与应用型教学方法相结合起来的教学方法；八是教师队伍具备应用能力素质；九是产学研结合实现应用型人才培养的根本途径；十是走国际化道路是加快应用型大学建设的重要保证。"[②]

落实"应用型大学"的办学定位，首先要建立应用型人才的培养体系。应用型人才培养要形成一个系统的体系，对此很多学校都有着不同的表述。比如北京联合大学提出的"应用型人才培养模式是以知识为基础，以能力为重点，以服务为宗旨，注重知识、能力协调发展，学习、实践和职业技术能力相结合"[③]，安徽科技的"以'够用'和'实用'为指针，构建理论教学体系；以能力为本位，选择课程内容，设置课程体系；以学生的全面发展为根本目的，建立素质教育体系"，[④]三江学院的"以应用知识为基础的理论教学体系、以能力为主线的实践教学体系和以人文素养和职业道德为内容的素质教育体系"等[⑤]。应用型人才培养应主要包括理论教学体系、实践教学体系和素质教育体系三个方面。因此，应用

① 潘懋元. 再论新建本科院校的定位、特色与发展[J]. 荆门职业技术学院学报(教育刊)，2008，23(7)：1-4.

② 孔繁敏，郭淑敏，唐小恒，等. 建设应用型大学之路[M]. 北京：北京大学出版社，2006：21-23.

③ 孔繁敏，郭淑敏，唐小恒，等. 建设应用型大学之路[M]. 北京：北京大学出版社，2006：47-50.

④ 张宏喜. 应用型本科人才培养方案制定的原则与实践——对安徽科技学院应用型本科教育的思考[J]. 安徽科技学院学报，2009，23(1)：66-69.

⑤ 三江学院本科教学工作水平评估报告. 2007.

型人才培养不仅要抓好理论教学，更为重要的是要抓好实践教学，做到理论和实践并重。只有通过系统的实践教学才能培养学生的实践能力、动手能力和创造能力，才能突出对知识、理论的应用性。应用型人才只有具有了较强的知识应用能力、较高的综合素质，才能适应社会经济的需要，才受人才市场的欢迎。

综上所述，应用型本科高校的自身属性及发展方向决定了其应关注区域社会经济发展的实际需要，特别是注重理论教学与实践教学的结合，从培养高素质应用型人才、增强学生实践能力的要求出发，构建专业的实践教学体系，不断提高人才培养质量。

4. 实践教学是应用型本科高校科学研究的助推器

培养高素质的应用型人才是应用型高校的主要任务，但应用型高校也同样有着科学研究的职能。新建应用型高校与学术型大学相比，在理论研究上处于相对弱势地位，同时新建应用型本科高校的地方性也就决定了其科学研究应是以技术及其应用创新为主，应该与地方经济、社会发展紧密联系，具有很强的应用功能，而实践教学正是新建应用型高校开展科学研究的助推器。通过与行业企业开展产学研活动，应用型本科院校师生深入生产一线为企业做些实事，师生共同为企业提供科技服务，为区域经济和社会发展服务。教师可以结合实践基地的生产状况与企业共同申报课题、开展科研，科研成果则通过校外基地单位在地方得以推广和应用，为地方经济发展提供技术支撑，增强了成果的社会服务能力，产生了良好的经济效益和社会效益，还扩大了学校的影响力和辐射力，实现学校和实践基地单位的“双赢”。

5. 实践教学是应用型本科高校为社会服务的重要途径

应用型本科院校的应用型人才培养定位必然要与地方经济、社会发展紧密结合。应用型高校必须针对地方区域经济的发展、产业结构的优化与升级、高新技术产业发展以及城市化、资源综合利用和经济、社会可持续发展等重大课题和难题，开展针对性研究。同时还可以充分利用学校在人才和教育资源方面的优势，与地方开展多层次的人才交流和培训工作，鼓励教师提供智力支持，积极参与地方经济建设，为地方社会、经济发展服务，而实践教学就是最重要和最便捷的途径。

（二）研究意义

1. 理论意义

本研究综合运用管理学、哲学、教育学等相关理论，通过理论阐述、实地调研和案例分析相结合的方式，以商科专业为例对新建应用型本科院校的实践教学体系进行探究，通过总结、归纳、概括，构建适用于新建应用型本科院校商科专业实践教学体系。因此本研究将不仅对新建应用型本科院校的办学实践起到一定的理论指导作用，而且有助于深化和丰富高等教育思想。

2. 实践意义

《国家中长期教育改革和发展规划纲要（2010—2020 年）》第 7 章第 22 条指出："促进高校办出特色。建立高校分类体系，实行分类管理。发挥政策指导和资源配置的作用，引导高校合理定位，克服同质化倾向，形成各自的办学理念和风格，在不同层次、不同领域办出特色，争创一流。"新建应用型本科院校出现的时间不长，它们在办学理念、师资力量、学科专业、软硬件建设、文化氛围、竞争力等方面与办学历史较长的重点大学相比都存在很大差距，在高校竞争中处于劣势地位。① 另外，从麦可思公司对新建应用型本科院校毕业生质量跟踪调查的数据来看②，与老本科院校相比，整体上新建应用型本科院校毕业生的质量指标没有一项指标比老本科院校好，少数新建本科院校比较好。这在整体上说明，我国新建应用型本科院校尚未能办出特色，没有真正办出应用型本科应有的质量水平或特色指向。对新建应用型本科院校实践教学体系中存在的问题进行分析和研究能够有助于其有效地解决这些问题、促进其健康发展，同时也有助于推动我国高等教育的变革，不管是对于促进新建应用型本科院校的快速健康发展而言，还是对于我国整个高等教育系统的整体发展而言，都具有重要的现实指导意义。对新建应用型本科院校实践教学体系的研究既是一个学术问题也是一个实践问题，对这个问题的研究与实践是指导新建应用型本科院校创新办学理念、办出特色、促进新建应用型本科院校健康持续发展的基础工程。

---

① 丰华琴．城市大学与英国教育体制[J]．南京晓庄学院学报，2000(3)：21 - 23

② 麦可思公司．2010 年中国大学生就业报告[M]．北京：社会科学文献出版社，2010．

二、相关概念界定

（一）应用型本科教育

按照美国教育学家马丁·特罗的观点，根据高等教育毛入学率，高等教育的发展阶段大体可以分为三个阶段：当毛入学率低于15%时为精英教育阶段；当毛入学率介于15%～50%之间时为大众化阶段；当高等教育毛入学率高于50%以上时为普及化阶段。[①] 大多数国家和学者认同马丁·特罗的高等教育"三段论"。2004年，我国高等教育的毛入学率达到19%，标志着高等教育从精英教育转向大众教育。2016年教育部发布的《中国高等教育质量报告》指出，2015年在校生规模达3 700万人，位居世界第一；各类高校2 852所，位居世界第二；毛入学率40%，高于全球平均水平。[②] 随着我国高等教育体制改革的不断深入，高等教育的发展呈现出重组、合并与重新定位，办学形式多样化、多规格、多层次，学校的个性和特色逐渐突显等特征。探求高等教育类型的多样化和追求教育类型的合理化是世界各国高等教育改革和发展的共同趋势，我国"应用型本科"教育就是在这种背景下提出来的。

人才的培养，从生产或工作活动的过程和目的来分析，总体上分为两大类：一类是学术（科学）型人才，发现和研究客观规律的人才；另一类是应用型人才，应用客观规律为社会谋取直接利益的人才。[③] 从高等教育的源流来看，无论是中世纪的大学还是近现代的高等专门学院，培育专业性应用人才一直是其主要的社会职能。因此，有学者认为"专业性应用教育"是应用型本科教育的逻辑起点，即应用型本科教育应是"建立在普通教育基础上的专业性应用型教育"。从这一逻辑起点出发，通过专业性应用教育规律、专业性应用教育原则等中介概念，可以达到"应用型本科教育"这个核心概念，最后达到逻辑终点：专业应用型本科教育的目的、培养模式及其实现途径。[④]

应用型本科教育不同于学科型或职业型专业教育，其结合学科和行业设立专业，培养面向社会的专业应用型高级专门人才，是建立在普通教育基础上的

---

① 陈学飞．美国高等教育发展史[M]．成都：四川大学出版社，1989：7－19．

② 资料来源：高等教育质量报告：我国高等教育毛入学率已达40% 高于全球平均水平_滚动新闻_中国政府网 http://www.gov.cn/xinwen/2016－04/07/content_5062041.htm

③ 吕鑫祥．高等职业技术教育研究[M]．上海：上海教育出版社，1998：203．

④ 潘懋元．关于高等教育学科建设的若干问题[J]．高等教育研究，1993(2)：35．

本科层次的应用型专业性教育。因此，应用型本科教育具有如下五个方面基本特征[①]：

(1) 应用型本科教育是以行业性为主导的教育；

(2) 应用型本科教育是以专业性为主线的教育；

(3) 地方本科院校是应用型本科教育的主体；

(4) 应用型本科教育是以教学型为主流的教育；

(5) 应用型本科教育是以实践性为主载的教育。

（二）实践教学

关于实践教学的涵义，学者们从不同角度做了阐述。有学者从教学形式、方式的视角定义实践教学，认为“实践教学是指在实验室或生产现场，根据实验、设计和生产任务要求，在教师指导下，通过学做结合，以学生自我学习和操作为主，从而获得感性知识和技能，提高综合实践能力的一种教学形式”。[②] 有学者基于实践教学与理论教学的关系问题进行探讨，指出“实践教学的内容与理论教学内容相互联系，但它并非完全依附于理论教学内容，具有相对的独立性，这是由高等职业教育本身的特点决定的”。[③] 还有学者从实践教学功能角度进行了阐述，认为“我们对实践教学的内涵理解偏重于‘硬实践’，即动手能力、操作能力的培养。实践教学的内涵包括‘硬实践’，还包括‘软实践’，即理论知识的运用、心智技能的形成及实践经验的积累等实践教学活动。相对于硬实践而言，这种软实践更为侧重学生‘思维’的训练、侧重学生分析问题、解决问题等综合应用能力的培养”。[④] 顾明远主编的《教育大辞典》把实践性教学定义为：“相对于理论教学的各种教学活动的总称，包括实验、实习、设计、工程测绘、社会调查等，旨在使学生获得感性知识，掌握技能、技巧，养成理论联系实际的作风和独立工作能力。”由此可见，实践教学是与理论教学相对应的一类教学活动，理论教学包括了课堂讲授、课堂练习、习题课等教学环节，实践教学则包括了实验课、实习、实训、课程设计、毕业设计(论文)等教学环节。

---

① 潘懋元. 应用型人才培养的理论与实践[M]. 厦门：厦门大学出版社，2011：21－27.

② 汤百智，杜皓. 论高职实践教学过程的优化[J]. 职业技术教育，2006(1)：26.

③ 朱方来，谭属春. 高等职业教育实践教学内容体系的构建[J]. 高教探索，2005(5)：12－13.

④ 蔡则祥，刘海燕. 实践教学理论研究的几个角度[J]. 中国大学教学，2007(3)：14－16.

（三）教学体系

《辞海》对“体系”的解释是“由若干有关事物互相联系、互相制约而构成的一个整体”。[①]《现代汉语词典》对“体系”的解释是“若干有关事物或某些意识互相联系而构成的一个整体”[②]。与“体系”意思相近的词语是“系统”。“系统”是系统科学的核心概念，学者们从不同角度对“系统”给出解释和作出定义：系统论的创始人贝塔朗菲认为“系统是处于一定相互联系中的与环境发生关系的各组成成分的总体”。[③] 有学者认为“系统是由两个或两个以上有自身独立特征而又相互联系的任何种类的要素所构成的集合”[④]。钱学森认为，系统是由相互作用和相互依赖的若干组成部分合成的、具有特定功能的有机整体，而且这个系统本身又是它所从属的一个更大系统的组成部分。[⑤] 因此，系统是由两个以上相互联系、相互作用要素组合在一起，并与外部环境发生某种联系的有机整体。系统与体系是两个非常相似的概念，在某种程度上也可以相互替代，但两者也有一定区别。系统是对客观实在的定义或者描述，因而可以说系统本身是客观的再现；而体系虽然也是对客观事物或者现象的描述，但是作为一种结构，在更大的程度上表现为一种人为进行组合的结构，因此，它具有主观性。

教学体系是将系统论的观点应用于教育领域的思想表现，因此，教学体系同样遵循着系统论观点。

教学体系是由若干组成教学活动的要素通过相互影响、相互作用而构成的一个整体。对于教学体系的构成要素，学者们从不同视角进行了考查，具体观点有：

（1）三要素说，即“教师、学生和教材（有时也叫课程教材、教学内容等）”；或者是指“人员、信息、物质”。[⑥]

（2）四要素说，即“教师、学生、教学内容和教学手段构成了教学过程不可缺少的基本因素”。[⑦]

---

① 辞海编辑委员会．辞海[M]．上海：上海辞书出版社，2000：274．

② 中国社会科学院语言研究所词典编辑室．现代汉语词典[M]．北京：商务印书馆，1999：1241．

③ 王雨田．控制论、信息论、系统科学与哲学[M]．北京：中国人民大学出版社，1986：402．

④ 霍绍周．系统论[M]．北京：科学技术文献出版社，1988：24．

⑤ 王雨田．控制论、信息论、系统科学与哲学[M]．北京：中国人民大学出版社，1986：401．

⑥ 顾明远．教育大辞典（第一卷）[M]．上海：上海教育出版社，1990：184．

⑦ 南京师范大学教育系．教育学[M]．北京：人民教育出版社，1984：376．

(3) 五要素说,即“教师、学生、教材、工具、方法”。

(4) 六要素说,即“教师、学生、教学内容、教学工具、时间、空间”。[①]

(5) 七要素说,即“学生、教学目的、教学内容、教学方法、教学环境、教学反馈和教师”。[②]

(6) 教学系统要素可以采用实体和非实体来划分。前者可以划分为教师、学生和教学媒介教材、教具和其他设施;后者可以划分为教学目标、教学内容、教学方法、教学评价、学生学习能力、学生的思想道德情感意志的发展状况、教师教学水平、学校的校风等等。[③]

(四) 实践教学体系

实践教学体系有广义和狭义之分。广义的实践教学体系是实践教学中各要素构成的有机整体,具体包括目标体系、课程体系、保障体系、管理体系及考核体系等要素。[④] 狭义的实践教学体系是指实践教学体系中的内容体系,即围绕人才培养目标制定人才培养方案时,通过课程设置以及实践教学环节设置建立起来的与理论教学内容相辅相成的内容体系。[⑤]

实践教学体系作为教学体系的一种类型,具有一般教学体系的要素特征。任何教学体系都会包括教师、课程与学生这三个基本要素,离开了这三个要素便不能称其为教学。其中,课程作为载体连接两个对象,即教师和学生的活动。与理论教学体系不同,实践教学体系中课程载体多以实验、实习和实训为主。实践教学体系是一个涵盖多种构成要素的复杂整体,其构成包含但不局限于教师、学生与课程这三个要素,它的构成要素还应包括教学理念和教学目标、培养方案和课程体系、教学模式和环境支撑、管理机构和制度建设等内容。本研究认为实践教学体系是由实践教学目标体系、实践教学内容体系、实践教学路径体系、实践教学保障体系、实践教学管理体系和实践教学评价与反馈体系 6 个子体系组成,是一个完整的教学系统,各个子系统的构建要能够考虑到各系统之间的联系与影响。

---

① 郝询,龙太国. 试析教学主体、客体及主客体关系[J]. 教育研究,1997(12):14-17.

② 李秉德. 对于教学论问题的回顾与前瞻[J]. 华东师范大学学报(教育科学版),1989(3):20-23.

③ 李定仁,范兆雄. 教学要素与教学系统最优化[J]. 教育科学,2003(6):25-26.

④ 秦春艳,才博. 新疆新能源产业发展现状及对策研究[J]. 安徽农学通报,2009,15(22):3-5.

⑤ 沈奇,张燕,罗杨. 应用型本科实践教学体系的构建与改革[J]. 实验技术与管理,2010,27(10):26-28.

三、研究思路与方法

（一）研究思路

本研究的思路是通过文献综述梳理思路，借鉴前人的研究成果；通过定性研究为实践教学体系构建提供理论依据；通过实地调研分析，综合评价应用型本科教育实践教学现状及影响因素；通过对比研究，借鉴国外应用型本科教育实践教学的经验；在此基础上，构建基于系统理念的应用型本科教育实践教学体系理论模型；最后，通过个案研究来验证实践教学体系的理论模型。

（二）研究方法

1. 文献调研与实地调查相结合

文献调研是通过对大量历史资料的分析、整理，总结概括国内外不同历史时期的教育理念以及对实践教学改革的影响。本研究涉及的文献资料有政府关于实践教学的政策资料，教育家、思想家关于实践教学的论述，高等教育教学改革资料；哲学、管理学、教育学等领域的相关研究成果；发达国家职业教育实践教学的经验。本研究运用理论的多维视角，定性剖析了实践教学及实践教学体系构建中存在的问题和解决的对策，为构建科学、高效的应用型本科实践教学体系提供理论依据。

实地调查是通过书面问卷调查法和重点访谈法对应用型本科教育实践教学改革的现状进行深入了解，掌握第一手资料，定量分析实践教学存在的问题、影响实践教学的校内外各种因素，在整理、分析、论证基础上，提出构建实践教学体系的建议。本研究的调查对象包括了高校管理人员、教师、学生、研究人员以及企事业单位相关人员等。

2. 系统分析方法

应用型本科构建实践教学体系是一项系统工程，从问题的提出到问题的调研、分析、论证、解决，都充分体现实践教学的整体性、目的性、科学性和有效性。应用型本科院校实践教学体系自身构建的层次性和内在逻辑性彰显系统理论的指导和方法应用。系统理念是贯穿全文的一条主线，分别论证的不同章节是构成全文的子系统，并统一于构建实践教学体系的大系统中，培养社会需求的高素质应用型人才的目的性非常明确。

3. 比较分析法

发达国家高校在实践教学方面的教育教学改革，可以为我们提供许多有益的经验与启示。通过比较分析德国、芬兰、英国、加拿大、中国香港以及国内院校本科实践教学体系的建设情况，我们更深入地理解了实践教学的规律，这些经验为应用型本科实践教学体系构建提供借鉴与支撑依据。

4. 多学科交叉分析法

实践教学既是一个与理论教学相伴而生的古老话题，又是一个充满神秘色彩的命题。从国内外现有的研究成果看，有关实践教学的理论研究并不少，涉及哲学实践论基础、先进的职业教育教学思想以及系统论思想。构建应用型本科实践教学体系是一项系统工程，从问题的提出到问题的调研、分析、论证、解决，都充分体现实践教学体系的整体性、目的性、科学性和有效性。本研究对新建应用型本科院校实践教学体系的现状问题分析，涉及其生存的外部环境和内部办学过程，遇到的理论问题涉及多个学科，实践教学体系自身构建的层次性和内在逻辑性彰显系统理论的指导和方法应用。因此，在研究过程中，将充分注意将哲学、教育学、系统论等多学科的研究方法交叉综合，试图运用这些学科的研究成果和思维方式来展开研究，从相关研究中获得实践教学的理论支撑与实践依据。

四、研究主要内容与框架

（一）主要内容

本研究包括 6 章和展望：

第一章　绪论

本章主要内容包括：研究背景与研究意义、相关概念的界定、研究思路与研究方法、研究主要内容与框架。

第二章　文献综述

本章主要内容包括：构建应用型本科实践教学体系的理论基础（系统与系统论基础、马克思主义哲学理论基础和现代教育理论基础）、国内外学术观点、国家层面相关政策回顾。本章对国内外的研究历史和现状做了文献综述,对全文的理论观点起到了重要的借鉴作用,他山之石,可以攻玉。

第三章 应用型本科实践教学现状及影响因素分析

本章简要回顾了高等教育实践教学的发展与演变,利用深度访谈和问卷调查得到的商科专业调查数据,评价了应用型本科实践教学的总体现状,进一步分析影响应用型本科实践教学体系的教师、学生和学校三大主要因素,以期为应用型本科实践教学体系理论模型的构建提供科学依据。

第四章 应用型本科实践教学体系构建的经验借鉴

本章介绍了德国(FH)的“企业主导型”实践教学体系、芬兰多科技术学院实践教学体系、加拿大的“能力本位型”、英国的“资格证书推动型”和香港的“工业训练中心型”等代表性的高校实践教学体系构建以及山东经济学院、浙江大学城市学院等国内应用型高校实践教学体系的构建经验,以期为后续应用型本科实践教学体系的构建提供依据与借鉴。

第五章 应用型本科实践教学体系的理论模型构建

本章在借鉴前人研究成果的基础上,结合课题组的实地调研数据,论述了应用型本科实践教学体系构建的原则、实践教学体系的结构,并从实践教学目标体系、实践教学内容体系、实践教学路径体系、实践教学保障体系、实践教学管理体系和实践教学评价与反馈体系六个方面搭建了应用型本科院校实践教学体系的理论模型。

第六章 个案研究

本章通过某应用型本科院校财务管理专业实践教学及实践教学体系的构建和实践,验证了本研究所提出的实践教学体系理论模型的适用性、灵活性、完整性和科学性。

展望

本书最后提出研究展望。应用型本科院校商科专业实践教学的研究,应该更加突出其与区域产业需求结合密切的特点,构建适合学生特点的专业和课程,进一步精确与细化实践教学体系子系统构建的内容。

（二）技术路线图

本书的技术路线图如图 1－1 所示。

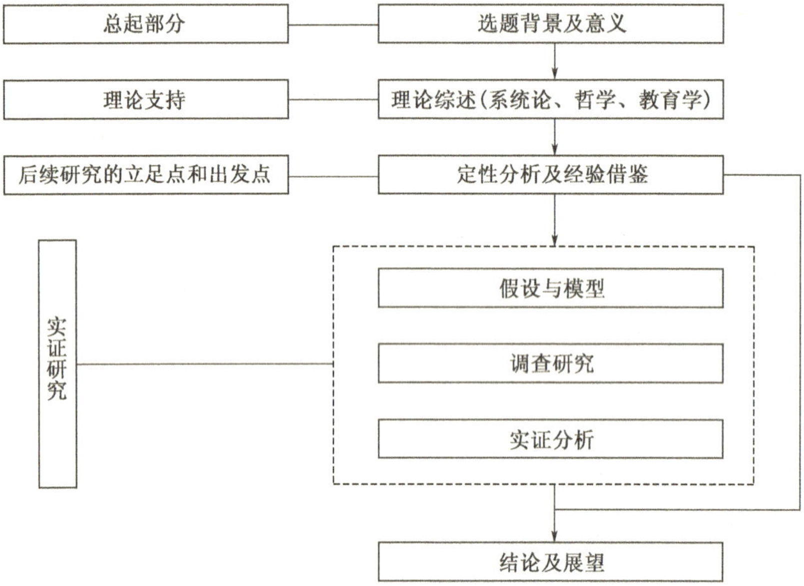

图 1－1　技术路线图

五、本章小结

本章对选题的研究意义、研究对象、研究思路、研究方法、研究内容和技术结构做了介绍，明确论文目的是解决大学生就业竞争力差、就业难的问题；本研究的研究对象是应用型本科院校，即以培养应用型人才为目标的普通高校。本研究的主要研究方法主要是文献研究与调查研究相结合、系统分析法、比较分析法、多学科交叉分析方法。

第二章
文献综述

本章从构建应用型本科实践教学体系的理论基础、代表性学术观点、国家政策实践三个方面回顾了相关文献。

一、构建应用型本科实践教学体系的理论基础

实践教学是和社会诸多领域紧密联系的实践活动。实践教学体系的构建也关涉到与其相关的各种因素。开展实践教学体系研究就必须吸收和借鉴其他学科的观点和方法，构建实践教学体系也要考虑不同的视角。综合考查实践教学性质和特点可以发现，实践教学不仅和教学论紧密相关，而且与哲学、管理学密不可分。这些理论不仅为实践教学设计提供技术上的指导，也为人们认识教育对象、确立教学目标以及选择教学内容等提供重要的依据。

（一）系统与系统论理论基础

系统是系统科学中的一个核心概念。人们习惯于用系统的观点分析、解决问题，即把系统科学作为研究的方法论，而把体系作为研究的对象。“系统”一词，来源于古希腊语，是由部分组成整体的意思。在《辞海》中，“体系”是指由若干有关事物互相联系、互相制约而构成的一个整体。① 系统论的创始人贝塔朗菲认为“系统是处于一定相互联系中的与环境发生关系的各组成成分的总体”②。美国著名学者阿柯夫认为，系统是由两个或两个以上有自身独立特征而又相互联系的任何种类的要素所构成的集合。③ 我国著名科学家钱学森认为，系统是由相互作用和相互依赖的若干组成部分合成的、具有特定功能的有机整体，而且这个系统本身又是它所从属的一个更大系统的组成部分。④ 综上所述，系统是由两个以上相互联系、相互作用要素组合在一起，并与外部环境发生某种联系的有机整体。系统是一个多层次的有机体；构成系统的要素是一个独立的子系统；子系统又由更小的子系统组成。系统和要素是相对的，上一层次的要素是下一层次的系统。一般而言，从系统形成的原因方面，可分为人工系统与天然系统；从系统的表现形态和性状方面，可分为动态系统与静态系统；从系统与外部环境是否发生关系方面，可分为开放系统与封闭系统。

系统论研究系统中整体和部分、结构和功能、系统和环境间的相互联系、相互作用。其中，系统要素是构成系统的最基本单位，要素之间相互作用进而影

---

① 辞海编辑委员会.辞海[M].上海：上海辞书出版社，2000：274.

② 王雨田.控制论、信息论、系统科学与哲学[M].北京：中国人民大学出版社，1986：402.

③ 霍绍周.系统论[M].北京：科学技术文献出版社，1988：24.

④ 王雨田.控制论、信息论、系统科学与哲学[M].北京：中国人民大学出版社，1986：401.

响整体，系统内部诸要素只有在整体中才能体现存在的价值。系统结构是系统要素内在的联系与组织方式，是从内部反映系统的整体性。系统功能是系统在一定环境中所能发挥的作用，是系统各要素在相互作用中产生的效能总体，它是系统与外部环境相互联系、相互作用所反映出的能量，体现了系统与外部环境之间物质、能量和信息的输入与输出的交换关系。在外部环境一定的条件下，系统整体功能受系统结构的影响，而系统结构则以一定要素为基础。因此，系统整体功能的产生源于系统内部各要素之间的相互作用，即要素之间的排列组合关系。

那么，一个系统的要素、结构、功能之间到底是什么关系呢？其一，系统是由要素构成的，要素不能脱离整体而存在。要素之间相互作用进而影响整体。系统内部诸要素只有在整体中才能体现存在的价值，而且在整体中其所处位置不同，其价值也将有别。其二，系统是要素按照一定的方式结合而成的，也就是系统具有一定的结构，这种结构表现为系统内部诸要素之间的联系。其三，系统功能是系统内部各种活动关系的总体，即各要素在相互作用中产生的效能总体。系统表现出的整体功能不是各要素功能的“1＋1＝2”算术相加，即不是简单的关系，而是“1＋1＞2”或“1＋1＜2”的关系。我们需整合系统各要素，以形成最优结构，争取系统整体的最佳功能。其四，系统的结构与功能是对立统一的。一方面，系统结构是系统功能的内在基础，系统功能是系统结构的外在表现。不同的结构决定了不同的功能。也就是说，系统内部各要素的组合方式不同，所表现出的功能也各异。另一方面，两者还表现为在一定条件下的相互转换。当结构发生变化并达到一定程度时，就会产生新功能。新功能同时也会反作用于结构，两者相互影响、相互制约。①

教学体系是将系统论的观点应用于教育领域的表现，它是由若干组成教学活动的要素相互影响、相互作用而构成的一个整体。教学体系的构成要素即“教师、学生和教学客体”。教学要素是教学系统的组成部分，反映系统的本质特征，对教学系统整体功能发生关键性的影响。因此，通过对系统和体系的分析，可以让我们对教学要素的分析更准确、更全面，进而更好地把握教学规律，优化教学结构，有效发挥教学系统的整体功能。

---

① 杨春时，邵光远，刘伟民，等．系统论信息论控制论浅说[M]．北京：中国广播电视出版社，1987：13－27．

教学体系一般包括理论教学体系和实践教学体系两个子系统，理论与实践相结合，构成高校培养学生的教学体系。人们认识世界的规律是理论—实践—再理论—再实践，循环往复，以致无穷。高校肩负培养人才的重任，知识传承是其四大职能之一。对知识的传承不能只通过课堂授课，还要通过实践去验证、强化、实现，同时在实践中强化、记忆、升华理论，形成新一轮的学习。

（二）马克思主义哲学理论基础

马克思主义哲学非常重视实践的作用，用实践的观点来解释人类认识的产生、本质及其发展规律。世界物质统一性原理是马克思主义哲学的基石，一切从实际出发，实事求是是辩证唯物主义一元论世界观的根本要求，是人们正确认识世界和改造世界的出发点。总之，实践是认识的起点，也是认识的归宿，是全部认识的基础。哲学的基本理论中关于实践和认识的辩证关系原理、实践是检验真理的唯一标准、感性认识和理性认识的辩证关系原理、认识过程的反复性和无限性原理，为新建应用型本科实践教学体系的构建提供了坚实的理论基础和思想指南。

1. 实践教学贯穿职业教育发展史

人类社会职业教育是从对生产服务第一线从业人员的技能训练需求而逐步形成的，它在产生的初期就非常重视学员的动手实践操作。在手工业时期，职业技能的传授主要通过师傅带徒弟的学徒制来进行，这可以看作是实践教学的雏形。随着生产的发展及机械化程度的不断提高，传统学徒制已经不能适应社会对大量生产一线工人的需要，专门培养产业工人的学校开始出现。随着这类学校规模的不断扩大，便逐渐形成、发展为一个庞大的职业教育体系。从职业教育的本质来看，职业教育与其他知识传授教育的区别在于其职业性。一个职业之所以成为一个职业，则是因为这个职业有着与其他职业不同的工作过程，包括工作的方式、内容、方法、组织以及工具的历史发展诸方面。① 职业教育的职业性特征是人们通过实践总结出来的、是具有可操作的规范性。职业教育发展至今，无论是面向为生产、服务、管理一线培养产业工人，还是面向科技创新开展应用性的研究，都越来越重视学生实践能力的培养，越来越关注学生综合能力的养成，其实践的特征也越来越明显。

---

① 赵志群.职业教育与培训新概念[M].北京:科学出版社,1999:98.

2. 教育对象的主体性通过实践教学得以体现

人是实践的主体，实践是人有意识、有目的的行为过程。教育作为一种实践活动，它既不是教育者对受教育者的改造的过程，也不是受教育者被动、僵化的接受过程，而是以受教育者自身为活动对象，主体客体化与客体主体化的双向对象化的过程。人在教育活动中是实践的主体，人通过自己的实践活动，在个体与客体的相互作用的过程中不断改造着社会的组织形式和内容。在应用型本科教育教学的实践活动中，学生是教育活动的对象，为促进学生的全面发展，就要使学生成为教育活动的主体。只有学生真正成为教育活动的主体，才有可能在活动中积极、主动地发挥其主体性的能动性，实现应用型人才培养的教学目的。实践教学正是通过突显学生主体参与的教学过程，使学生运用所学知识和理论在实践环节中发现问题、分析问题，尝试解决问题，通过实验、实训、见习实习、社会调查、毕业论文设计、课题项目设计等丰富多样的实践教学形式，有效地发挥学生的主观能动性，以实现以应用型本科学生创新精神和实践能力发展为目的的主体性实践活动。

3. 实践教学是实现人的全面发展的有效路径

马克思主义实践观指出，人在实践的过程中完成了自身的发展，人的劳动实践使"生产者也改变着，炼出新的品质，通过生产而发展和改造着自身，造成新的力量和新的观念，造成新的交往方式、新的需要和新的语言"①。可见，人们通过实践在改造客观世界的同时也改造着主观世界。人们在实践过程中，不仅能获得知识、技能的提高，更重要的是在这一过程中会伴随着世界观的形成或改造、社会生活基本素质的养成，最终实现了个人能力、个性发展和个人价值的充分统一。这也正是马克思主义哲学关于人的全面发展的基本内涵。因此，对于应用型本科教育来说，要实现学生的全面发展，并使他们顺利地进入职业生活和社会生活，必须通过教学尤其是实践教学活动来实现。在实践教学活动中，学生自身以内在体验的方式参与教学过程，不断地获得知识、技能及职业素养等多方面的提升，不断地学习和积累社会生活经验，逐步养成参与社会生活的基本素质，这样在培养应用型本科人才的教学目的得以实现的同时，也满足了包括人的社会生存、社会适应、社会发展在内的全面发展的需要。

---

① 马克思，恩格斯. 马克思恩格斯全集(第46卷). 北京：人民出版社，1974：494.

（三）现代教育学理论基础

1. 西方现代教育学主要流派

教育学基本理论包括行为主义理论、人本主义理论、合作学习理论、操作技能理论等。教育管理学的重点是对教育对象、教育者和教育条件进行管理，以实现教学教育效果的最优化。现代教育强调教育与生产劳动相结合，不仅能使学生具备较高的科学素养，而且也能让学生具有强烈的人文精神。应用型本科构建科学的实践教学体系，需要根据受教育者的不同特点，从培养目标、课程、质量标准到具体的培养方式，尽量为受教育者提供多样化的教育形式和学习形式，尊重学生个性发展，培养社会适用人才。

表 2－1 与实践教学体系相关的西方教育学主要流派

序号	流派名称	有关实践教学的主要观点
1	实验主义教育流派	把实验心理学的研究成果与方法用于教育研究；形成假设、设计并将实验结论应用于实践以检验实验结果；教育实验是在学校与教学环境中进行的；主张用实验、统计等方法探索学生心理发展的特点及智力发展水平，用实验数据作为改革学制、课程和方法的依据
2	实用主义教育流派	教育即生活，学校即社会；课程以学生的经验为中心；把学生视为教学活动的中心，打破传统教学中以教师为中心的格局；教学重视学生独立发现、表现和体验，尊重学生的差异性
3	新教育流派	广泛采用新的教育形式、内容和方法；是具有深厚自由主义色彩的理论，主张使学校教育适应新的社会发展形势
4	结构主义教育流派	是人们对儿童智力结构的发生和发展以及知识结构规律的探讨与教育变革的需要相结合的产物；包含智力结构发生发展的理论、知识和学科结构理论等
5	终身教育流派	接受教育应是人一生不断反复的过程；要把工作与学习交替起来，把学校与社会、家庭联系起来，把各种正规教育与非正规教育联系起来，在需要的时候，能以最好的形式为人们提供最好的教育，使教育贯穿人的一生

综上所述，现代教育学理论强调实验实践对于教育教学的重要作用，强调实验实践对于教育对象构建知识结构的重要性，强调针对个性化的教育对象实施个性化培养的必要性和科学性，并以科学的教学方式和课程体系培养社会适用的人才，并在实践中实现理论与实际相结合，实现终身教育，提高人的素质，促进社会全面发展。

2. 陶行知“生活教育理论”

在改造中国教育的实践中，陶行知信奉“行是知之始，知是行之成”①，坚持实践第一的观点。这就确立了“实践”在认识活动过程中的重要作用。在这种认识论基础上，他提出了“生活即教育、教学做合一及社会即学校”等思想。

首先，陶行知提出了“生活即教育”思想。他认为传统的教学只注重单纯知识的传授，使教育游离于社会生活之外，导致了教育与人的疏离，即各种教学活动均按预先设定的程序行进，它只关注教育要培养什么类型的人，却忽视了人作为独特个体的发展，完全漠视他们内心世界潜在的需求和愿望。基于这些事实，陶行知提出了“生活即教育”的重要教育思想，它告诉我们的是以生活为中心的教育。“……生活与教育是一个东西……它们是一个现象的两个名称。……生活即教育，是生活便是教育，不是生活便不是教育。教育内容以文字为中心，以与生活脱离的无用知识为中心，不能真正培养人的生活能力，只能造就一个书呆子”。因此，要避免这种现象，必须要为教育找回生活意义。陶行知的“生活即教育”是从教育的角度来阐述生活，强调生活对教育的意义。换言之，“生活即教育”并不是被动的适应现存生活，而是积极地改造社会生活，在改造社会生活中受教育，这是“生活即教育”的教育本质观。

其次，陶行知提出了“教学做合一”的思想。这也是他生活教育的方法论。他一贯主张，教与学都要以做为基础，要在做上教、在做上学，“在做上教的是先生，在做上学的是学生。从先生对学生的关系说，做便是教；从学生对先生的关系说，做便是学。先生拿做来教，乃真教，学生拿做来学，方是实学。不在做上用功夫，教固不成教，学也不成学。”②此外，陶行知针对当时教用脑的人不用手，不教用手的人用脑的社会实况，强调“教学做合一”的“做”并非单纯的动手，而

① 陶行知. 陶行知全集(第2卷)[M]. 长沙：湖南教育出版社，1985：152.

② 陶行知《教学做合一》，原载1928年1月15日《乡教丛讯》第二卷第一期，选自《陶行知全集》(第1卷)，成都：四川教育出版社，1991：124－127.

是在思考意义上的行动，即能够产生新价值的“行动”和“思考”。陶行知提出的“行知行”的思想，为实践教学的产生奠定了丰厚的思想基础。

第三，“社会即学校”是陶行知生活教育理论的领域观。陶行知的“社会即学校”的观点主要体现在以下几个方面：一是要推倒学校与社会之间的隔阂，赋予学校改造社会的功能。因为教育自身承载着改造社会的重任，所以如果学校与社会相脱离，闭门办学，那么学校便失去了改造人的功能，教育也便失去了为社会服务的意义。为此，把改造人与改造社会结合起来，把学校的一切主动伸向社会并接受其“检验”。二是主张教育应该是面向人民大众的教育。他建议学校的教学内容应与社会劳动相联系，并以生产劳动和社会生活相关的科学技术等内容作为学校教育系统的主要内容。这显然与应用型教育所提倡的教育理念不谋而合。

综上所述，陶行知教育思想在本质上既是一种实践的教育学说，也是一种社会改革学说，他的思想的光辉在当代仍具有重要的借鉴价值和实践意义。陶行知的教育理论不仅是我国实践教学思想的思想渊源，而且也为今后的教育、教学实践更提供了科学的理论基础。

3. 关于大学的分类理论

学者们认为学校不确定办学类型，学校定位也不明确，培养目标就不清晰，培养人才的质量无从谈起。所以，确定学校分类和办学定位、明确培养学生的目标是应用型本科实践教学体系构建的基础和前提。国内外代表性大学分类理论见表 2－2 所示。

表 2－2 国内外代表性大学分类观点

国别	大学分类方法	主要内容
国外	联合国教科文组织《国际教育标准分类》	将应用型大学培养人才目标定义为：以行业、产业、岗位或岗位群所需要的技术、技能为逻辑体系，培养技术、技能性的人才；将第三级教育（高等教育）分为两个阶段。第一阶段（序数 5）相当于专科、本科和硕士生教育；第二阶段（序数 6）相当于博士生阶段教育。第一阶段分为 5A、5B 两类，5A 类是理论型的；5B 类是实用技术型的。5A 类又分为 5A1 与 5A2，5A1 一般是为研究做准备的，5A2 一般是从事高科技要求的专业教育

续表 2-2

国别	大学分类方法	主要内容
国外	美国卡内基教育促进基金会的划分	将全美高等教育机构划分为博士级、硕士级、学士级、副学士级、专门机构、族群学院 6 个层次，其中有的层次，又细分为若干级别；博士级是学术型、研究型大学，其首要贡献是为本国乃至世界创造人才的最优标准；副学士级学院相当于中国的高职高专，两者之间的硕士级与学士级学院及大学，培养各行各业高级专门人才，约占 30%左右
	德国	将大学分为三类：一是学术型、综合型大学；二是应用型大学和专科大学；三是职业学院。德国在校大学生有 60%以上在应用型大学学习，接受应用型技术教育
	日本	按照培养目标也将大学分成三类，即大学、短期大学和高等专科学校，短期大学和高等专科学校重在培养适应科学技术发展的技术人才
	英国	按照其成立的年代大致分为以下三类：19 世纪大学，也称传统大学、红砖大学或文明大学，早期是名门望族的聚集地，从不将学习和求职关联在一起，科目也大多和宗教及神学相关，工业革命之后，成为培养科学家、工程师、经理和教师的摇篮；20 世纪 60 年代，当代大学（12 所高等技术学院升格为大学，以满足当时企业对工程技术人才的需求）；20 世纪 90 年代初，新大学（56 所高等技术学院升格为大学）[①]

① 马陆亭. 高等学校的分层与管理[M]. 广州：广东教育出版社，2004：45.

续表 2-2

国别	大学分类方法	主要内容
国内	马陆亭	将高校分为五类:研究型大学、教学研究型大学、教学型本科高校、高等专科学校和高等职业技术学校
	刘少雪,刘念才	参照卡内基大学分类框架提出了由5类(研究型大学、博士型大学、硕士型大学、本科型大学/学院、专科/职业型学院)9种(研究型大学Ⅰ、Ⅱ;博士型大学Ⅰ、Ⅱ;硕士型大学Ⅰ、Ⅱ;本科型大学/学院Ⅰ、Ⅱ;专科/职业型学院)组成的中国普通高校分类标准及指标体系。通过制定分类指标体系,明确各高校在国家高校体系中的相对位置,促进各高校更加理性地看待自己的发展目标,鼓励高校的特色发展方向①
	潘懋元	高等学校大致可分为综合性研究型大学、多科性或单科性专业型大学或学院、多科性或单科性职业技术型院校。其中多科性或单科性专业型大学或学院更多,其共同点是以培养应用型人才为主、以培养本科生为主、以教学为主、以面向地方为主②
	武书连	高等学校的类型由类和型两部分组成。类反映了大学的学科特点,参照教育部对学科门类的划分,结合各学科门类的比例,分为综合类、文理类、理科类、文科类、理学类、工学类、农学类、医学类、法学类、文学类、管理类、体育类、艺术类13类。型表现了大学的科研规模,按科研规模的大小,将现有高校分为研究型、研究教学型、教学研究型、教学型等4型。每所高校的类型由上述类与型两部分组成,类在前、型在后③

二、代表性学术观点

国内学者对高校"实践教学"的研究主要涉及以下几个视角:从办学层次和学科专业类别视角分析,既有对于重点大学、普通大学和高职院校的实践教学

① 刘少雪,刘念才.我国普通高校的分类标准与分类管理[J].高等教育研究,2005(7).

② http://www.huaue.com/unews/2009827102650,著名高等教育专家潘懋元先生到皖西学院讲学.

③ 武书连.再探大学分类[J].中国高等教育评估,2002(4):14-17.

研究，又有立足于学科、专业和课程实践教学内容的改革论文；从构建内容视角分析，既有从宏观管理方面的分析，也包括从目标体系、教学内容、影响因素、保障体系等微观层次的分析；从比较研究视角分析，既包括国外高校实践教学体系研究及经验借鉴，又包括国内外高校实践教学体系建设的对比。

（一）从办学层次和学科专业类别视角分析

高等教育按类别，可分为普通高等教育和高等职业教育，其中普通高等教育又可以分为研究型大学、教学研究型大学、教学型大学等等。这些不同类型大学实践教学体系在基本属性上是一致的，都是形成学生实践能力的重要教学手段。但由于学校所处类别、层次的差异，必然会在实践教学目标、教学要求、教学内容及组织形式等方面存在着较大的差异，因此必须分门别类加以研究。即便是在同一类型的大学中，不同学科专业对实践教学的要求也不同，实践教学方案也存在差异。代表性研究成果见表 2－3 所示。

表 2－3 基于办学层次和学科专业类别视角的代表性研究

研究视角	研究对象	代表性作者	主要研究成果
办学层次	应用型本科	周德俭，李创第，刘昭明[①]	构建应用本科人才培养的实践教学体系时要更加突出实践教学的地位、针对性、时代性、创新性和社会性
		付兴锋，张常年，尹天光，肖秀玲[②]	从理论和实践两个层面对实践教学体系的构建进行了探讨，从教师、学生和教学过程 3 个方面出发，提出在实践教学体系构建中要转变教师观念、提高学生学习积极性和主动性，构建适合各个水平层次学生的教学模式，要采取有效措施把实践教学和实验室建设、师资队伍建设、专业建设、科研发展等几个方面有机结合起来

① 周德俭，李创第，刘昭明．地方院校面向应用本科人才培养的实践教学体系构建与实践[J]．黑龙江高教研究，2011(3)：165－167．

② 付兴锋，张常年，尹天光，等．应用型本科人才培养中实践教学体系的构建[J]．实验室研究与探索，2011(6)：148－150．

续表 2-3

研究视角	研究对象	代表性作者	主要研究成果
办学层次	高职院校	周如俊[1]	从职业能力培养视角，提出职业院校的实践教学体系构建内涵、价值；剖析了国内职业院校成熟的常见四类实践教学体系
		刘亚珍[2]	针对专业面向的主要岗位群和主要就业方向确定人才培养目标、制定人才培养职业能力分析表，参考国家标准、行业标准、企业标准和职教专家以及毕业生跟踪调查的信息反馈结果，重新构建一种凸显职业技能培养的高职实践教学体系
	综合性大学	尹宁伟[3]	中国一流大学实践教学体系已经呈现出了新的发展趋势：从顶层设计上优化人才培养方案，夯实基座构建实践教学课程体系，开设各项科研/创新活动打造实践教学平台，狠抓毕业论文（设计）促进理论与实践有机融合，加强实训实习基地建设拓展实践教学空间，健全管理制度保障实践教学质量
		陈岗等[4]	实践教学体系应以提高学生创新实践能力为核心，以保障实践机会、养成科学精神为主导，使教学内容、教学条件和教学管理成为有力支撑
学科专业	金融学专业	房　红[5]	金融学专业在实践教学体系构建中应坚持三个原则，即系统性原则、校内外结合原则和课堂内外结合原则。从培养应用型金融人才出发构建实践教学体系的目标体系，结合目标体系的实现构建内容体系，从实践教学制度体系和便于监督管理的考评体系两方面构建管理体系，从提高对实践教学重要性的认识、加强校内实验室和校外实践基地建设、做好实践教学课程体系建设和提高实践教学师资水平等方面构建保障体系

① 周如俊．职业院校实践教学体系的构建综述研究：基于职业能力培养视角[J]．职教论坛，2014(3)：76－81．

② 刘亚珍．基于能力培养的高职实践教学体系的构建研究[J]．职教论坛，2015(11)：57－60．

③ 尹宁伟．中国一流大学实践教学体系建构的新趋势[J]．中国大学教学，2012(5)：82－89．

④ 尹宁伟．综合性大学本科实践教学体系的建构与思考[J]．中国大学教学，2013(11)：76－77．

⑤ 房红．应用型本科院校金融学专业实践教学体系的构建[J]．实验室研究与探索，2013(12)：176－179．

续表 2-3

研究视角	研究对象	代表性作者	主要研究成果
学科专业	物流管理专业	史新峰[①]	从专业培养目标出发，根据循序渐进的原则，在正确定位阶段性能力培养目标的基础上，按层次结构开发设计物流管理专业实践教学内容，逐步形成多层次有机结合的实践教学内容体系
	会计学专业	樊　千[②]	用实验、实训、实作三大模块做主干，以专题写作与毕业设计为输出形式来构建新的会计学实践教学体系
	机械类专业	魏克湘等[③]	工程应用型本科实践教学体系的设置，应突出工程应用型人才培养的特色，注重在培养生产、工程、管理、服务等一线岗位上，用科学技术创造性地解决工程问题的应用工程师。这种人才的规格特点决定了实践教学体系的设计理念。开展"分层递进"的实践教学，构建"一核两线四层面十环节"的实践教学体系；推行基于课程的教师教法、学生学法、教学内容与目标"三位一体"教学方案；校企深度融合，培养学生综合解决实际问题的能力
	商务英语专业	李　刚[④]	采取校内和校外、集中和分散相结合的形式，以校内的语言、商务实训室，校外的实习基地为依托，充分利用现代科学技术，在仿真或真实的训练环境中，开设语言技能、商务技能、跨文化交际能力、人文素质及综合能力五大模块，通过认知实习、模拟实训、商务实习、毕业设计、社会实践等，组织学生进行形式多样的商务英语实践实习活动，使学生既具有扎实的英语基本功，又有宽广的国际视野、专门的国际商务知识与技能，能够适应经济全球化的竞争并具有较强的实践能力和创新精神

① 史新峰.物流管理专业实践教学体系的创新与实践[J].物流技术，2014(7):460-463.
② 樊千.会计学专业实践教学体系创新探索[J].中国大学教学，2008(7):81-83.
③ 魏克湘，等.工程应用型人才培养实践教学体系的研究与实践[J].中国大学教学，2011(1):74-76.
④ 李刚.商务英语本科专业实践教学体系构建[J].外语电化教学，2014(11):76-80.

（二）从构建内容视角分析

潘菊素、傅琼(2006)[①]提出，一个完整的实践教学体系必须具备驱动、受动、调控和保障功能，才能有序、高效地运转，从而实现目标。据此，可把实践教学体系分为实践教学目标体系、实践教学内容体系、实践教学条件体系、实践教学管理体系和实践教学评价体系 5 个子体系。实践教学目标体系包括实践能力、职业素质、创业能力、培养探索精神和创新精神。实践教学内容体系包括“三课堂”，第一课堂：实验、实训、课程设计、课程论文、专业综合能力实践(含毕业论文、毕业设计)等实践性教学环节；第二课堂：学生社团、体育俱乐部、各类培训、考证考级、自主实践、学科竞赛与科技活动；第三课堂：社会实践、顶岗实习、产学合作教育等。

沈奇等(2010)[②]认为，实践教学内容是实践教学体系中最核心的部分，实践教学的内容应充分体现“能力本位”的思想。应用型本科实践能力构成主要包括基本实践能力、专业实践能力、研究创新能力以及创业和社会适应能力。与上述实践能力相适应，实践教学内容体系由“基础性实践课程、专业性实践课程、研究创新性实践课程、社会实践课程”4 个子系统组成。

韦佳等(2015)[③]认为，实践教学目标体系的设置要突出关键能力；内容体系的设计要体现职业能力开发的需要培养的要求；完善保障条件，包括提高实践教师队伍素质及加强实践基地环境建设两个方面；实践教学管理体系主要包括管理制度和管理组织机构两个部分；设计实践教学评价体系，要关注评价主体要多元化，注重过程评价与结果评价相结合，评价内容与评价方式多样性。

刘国买、谭轶群(2010)[④]提出，从人才培养模式和教学方法出发，构建“一体化”的实践教学体系，采用基于项目的教学，把毕业实践环节与预就业相结合，培养学生的实践能力，从而提高学生的就业能力。

牛庆玮等(2011)[⑤]提出，建立“以大学生创新能力培养为核心，以优化人才培养方案为引领，以共享实验教学资源为平台，以实习基地建设为依托，以大学

---

① 潘菊素，傅琼. 高职教育实践教学体系研究[J]. 职业技术教育，2006(7)：17－20.

② 沈奇，等. 应用型本科实践教学体系的构建与改革[J]. 实验技术与管理，2010(10)：36－38.

③ 韦佳，等. 基于职业能力培养的应用型本科实践教学体系创建研究[J]. 实验技术与管理，2015(3)：207－210.

④ 刘国买，谭轶群. 基于提高就业能力的实践教学综合改革[J]. 中国大学教学，2010(12)：68－70.

⑤ 牛庆玮，等. 学生创新能力培养的实践教学体系研究与实践[J]. 中国大学教学，2011(10)：70－73.

生创新性实验和学科竞赛为载体，以毕业设计改革为突破口，以激励机制和质量监控为保障”的实践教学体系。

杨宗强等(2014)①认为，应该从理念、培养目标、教学内容、教学模式、校内外合作等方面不断探索，构建一种完整的培养工程实践能力的实践教学体系，形成多种教学模式，采用多种教学方法和手段。在教学内容上强化理论与实践相融合，融入职业技能培训，增加实践教学课时，进行过程评价，注重工程意识的灌输，加强工程能力的培养。

（三）从比较研究视角分析

谢越等(2016)②比较了我国环境科学专业实践教学体系与国外高校在实践教学模式、教学目标、教学方案制定、教材和师资五个方面存在的较大差异，基于这些差异提出我国环境科学专业建设应该发挥政府作用，由政府制定政策鼓励各种资金力量投资高等教育，加大高校实践教学基地的建设；更新校企合作模式，建立一对一校企合作模式，即“一个企业对应一个院校”进行顶岗实习或培训、“一个专业对应一个相关企业”进行专业建设和培训、“一个‘双师型’教师对应一项培训”，让教师都有机会到企业进行技能培训，优化职教师资；以立法的形式规定企业的参与实践环节，从根本上改变企业不愿意参与到高等教育教育中来的现状。

洪林(2006)③比较了国外应用型大学的校外实训基地建设路径，包括：①依靠公有或私有的培训部门，如丹麦的应用型大学，产学研结合十分紧密，由社会合伙人和地方当局的代表一起组成学校董事会，参与制定专业技能标准，向学校提供实训基地，接受学生实训；②依靠公共教育培训机构，如日本政府在1986年就设立了实施专业能力开发的公共教育机构——专业能力开发服务中心，开设各种能适应社会需要的专业技术教育课程和讲座；③依靠企业教育培训机构，如德国“双元制”的一元就是企业参与培训。

综上所述，本文认为实践教学体系是一项系统工程，它绝非意味着教学方法或教学内容的局部性调整或修补，而是涵盖教学理念、教学内容、课程体系、

---

① 杨宗强，李杰，刘春英，等. 构建“三层次五阶段”实践教学体系 培养应用型工科院校学生工程能力[J]. 实验技术与管理，2014(7)：124-130.

② 谢越，等. 国内外高校环境科学专业实践教学体系的差异比较[J]. 大学教育，2016(12)：33-34.

③ 洪林. 国外应用型大学实践教学体系与基地建设[J]. 实验技术与管理，2006(12)：1586-1588.

管理制度等多方面的整体性改革。作为应用型本科院校教学主体的实践教学尚存在着理论、实践、观念、制度、方法等许多问题，迫切需要从理论角度寻找支撑和实践层面的深入探索。

三、相关政策回顾

2000 年以后，国家越来越重视高校实践教学工作，出台了系列文件指导实践教学工作，代表性文件见表 2-4 所示。

表 2-4 2001 年以来国家层面代表性有关实践教学的文件

序号	文件名称	发文时间	主要内容
1	《关于加强高等学校本科教学工作提高教学质量的若干意见》(教高〔2001〕4 号)	2001.8	实践教学对于提高学生的综合素质、培养学生的创新精神与实践能力具有特殊作用。高等学校要重视本科教学的实验环节，保证实验课的开出率达到本科教学合格评估标准，并开出一批新的综合性、设计性实验。文科学生要按专业要求参加必要的社会实践。要根据科技进步的要求，注重更新实验教学内容，提倡实验教学与科研课题相结合，创造条件使学生较早地参与科学研究和创新活动。要建立和完善校内外实习基地，高度重视毕业实习，提高毕业设计、毕业论文的质量
2	《关于进一步加强和改进大学生社会实践的意见》(中青联发〔2005〕3 号)	2005.2	全面贯彻党的教育方针，遵循大学生成长规律和教育规律，以了解社会、服务社会为主要内容，以形式多样的活动为载体，以稳定的实践基地为依托，以建立长效机制为保障，引导大学生走出校门、深入基层、深入群众、深入实际，开展教学实践、专业实习、军政训练、社会调查、生产劳动、志愿服务、公益活动、科技发明和勤工助学等

续表 2-4

序号	文件名称	发文时间	主要内容
3	《关于进一步加强高等学校本科教学工作的若干意见》(教高〔2005〕1号)	2005.1	大力加强实践教学，切实提高大学生的实践能力。高等学校要强化实践育人的意识，区别不同学科对实践教学的要求，合理制定实践教学方案，完善实践教学体系。要切实加强实验、实习、社会实践、毕业设计(论文)等实践教学环节，保障各环节的时间和效果，不得降低要求。大学生毕业设计(论文)要贴近实际，严格管理，确保质量。要不断改革实践教学内容，改进实践教学方法，通过政策引导，吸引高水平教师从事实践环节教学工作。要加强产学研合作教育，充分利用国内外资源，不断拓展校际之间、校企之间、高校与科研院所之间的合作，加强各种形式的实践教学基地和实验室建设
4	教育部关于全面提高高等职业教育教学质量的若干规定(教高〔2006〕16号)	2006.11	人才培养模式改革的重点是教学过程的实践性、开放性和职业性，实验、实训、实习是三个关键环节。要重视学生校内学习与实际工作的一致性，校内成绩考核与企业实践考核相结合，探索课堂与实习地点的一体化；积极推行订单培养，探索工学交替、任务驱动、项目导向、顶岗实习等有利于增强学生能力的教学模式；引导建立企业接收高等职业院校学生实习的制度，加强学生的生产实习和社会实践
5	国家中长期教育改革和发展规划纲要(2010—2020年)	2010.7	加强实验室、校内外实习基地、课程教材等基本建设。强化实践教学环节。加强就业创业教育和就业指导服务。创立高校与科研院所、行业、企业联合培养人才的新机制

续表 2-4

序号	文件名称	发文时间	主要内容
6	《关于“十二五”期间实施“高等学校本科教学质量与教学改革工程”的意见》(教高〔2011〕6 号)	2011.7	整合各类实验实践教学资源，建设开放共享的大学生实验实践教学平台；支持在校大学生开展创新创业训练，提高大学生解决实际问题的实践能力和创新创业能力。整合各类实验实践教学资源，遴选建设一批成效显著、受益面大、影响面宽的实验教学示范中心，重在加强内涵建设、成果共享与示范引领。支持高等学校与科研院所、行业、企业、社会有关部门合作共建，形成一批高等学校共享共用的国家大学生校外实践教育基地。资助大学生开展创新创业训练
7	《教育部关于全面提高高等教育质量的若干意见》(教高〔2012〕4 号)	2012.3	强化实践育人环节。制定加强高校实践育人工作的办法。结合专业特点和人才培养要求，分类制定实践教学标准。增加实践教学比重，确保各类专业实践教学必要的学分(学时)
8	《关于进一步加强高校实践育人工作的若干意见》(教思政〔2012〕1 号)	2012.10	强化实践教学环节。实践教学是学校教学工作的重要组成部分，是深化课堂教学的重要环节，是学生获取、掌握知识的重要途径。各高校要结合专业特点和人才培养要求，分类制定实践教学标准，增加实践教学比重，确保人文社会科学类本科专业不少于总学分(学时)的 15%、理工农医类本科专业不少于 25%、高职高专类专业不少于 50%

续表 2-4

序号	文件名称	发文时间	主要内容
9	《国务院关于加快发展现代职业教育的决定》(国发〔2014〕19号)	2014.5	坚持校企合作、工学结合,强化教学、学习、实训相融合的教育教学活动。推行项目教学、案例教学、工作过程导向教学等教学模式。加大实习实训在教学中的比重,创新顶岗实习形式,强化以育人为目标的实习实训考核评价。健全学生实习责任保险制度。积极推进学历证书和职业资格证书"双证书"制度。开展校企联合招生、联合培养的现代学徒制试点,完善支持政策,推进校企一体化育人。开展职业技能竞赛
10	《教育部关于深化教育教学改革全面提高人才培养质量的若干意见》(教职成〔2015〕6号)	2015.7	公共基础课和专业课都要加强实践性教学,实践性教学课时原则上要占总课时数一半以上。要积极推行认识实习、跟岗实习、顶岗实习等多种实习形式,强化以育人为目标的实习实训考核评价。顶岗实习累计时间原则上以半年为主,可根据实际需要,集中或分阶段安排实习时间。要切实规范并加强实习教学、管理和服务,保证学生实习岗位与其所学专业面向的岗位群基本一致。推进学生实习责任保险制度建设。要加大对学生创新创业实践活动的支持和保障力度
11	《关于引导部分地方普通本科高校向应用型转变的指导意见》(教发〔2015〕7号)	2015.10	加强实验实训实习基地建设。按照工学结合、知行合一的要求,根据生产、服务的真实技术和流程构建知识教育体系、技术技能训练体系和实验实训实习环境。加强"双师双能型"教师队伍建设
12	《国家教育事业发展"十三五"规划》	将于2017年发布	支持一批地方应用型本科高校建设,重点加强实验实训实习环境、平台和基地建设,鼓励吸引行业企业参与,建设产教融合、校企合作、产学研一体的实验实训实习设施,推动技术技能人才培养和应用技术创新

从表 2－4 可以看出，国家各部委对高校实践教学工作的指导呈现以下特点：一是重视程度越来越高。比如从教高〔2001〕4 号文、教高〔2005〕1 号文到教高〔2007〕2 号文，对于实践教学的表述，从“要重视”到“大力加强”再到“高度重视”，从中明确了我国高等教育大众化之后工作重点的转移以及提高教育教学质量的着力点，体现出教育部对培养应用型人才、培养学生的实践能力的高度关注。二是明确具体要求，便于实际操作。系列文件中对高校实践教学的要求也越来越具体，从一般号召、重视加强，到提出要保障实践教学的时间和效果、不得降低要求，再到对实践教学具体的学分、学时规定，要求越来越明确，内容越来越具体，措施越来越具有可操作性。三是完善政策体系，形成政策合力。从发文部门看，文件的规格不断提高，系列文件涵盖教育部文件、教育部和宣传部等多部委联合发文、国务院文件，各部门从不同角度对高校实践教学的实施提出要求，形成政策合力；从文件时效看，既有短期时效文件和中期时效文件（如国家教育事业发展“十三五”规划），也有中长期时效文件[如国家中长期教育改革和发展规划纲要（2010—2020 年）]，政策体系性逐渐完善。

实践教学是本科教学体系和实施素质教育的重要组成部分，是理论联系实际，培养和锻炼学生实践能力、创新能力和综合素质的重要环节。① 实践教学与理论教学构成本科教学的两个不可分割的组成部分，似鸟之双翼，共同发挥作用才能培养出高质量的人才。国家从战略层面对实践教学做出相关规定，对于以培养具有创新精神和实践能力应用型人才的应用型高校而言，加强实践教学具有重大意义和紧迫性。

四、本章小结

实践教学与理论教学构成本科教学的两个不可分割的组成部分，似鸟之双翼，共同发挥作用才能培养出高质量的人才。本章从经典理论回顾、学术性观点回顾、国家政策回顾三个方面为应用型本科实践教学体系构建寻求理论支撑。

① 土章豹，刘光复，吴玉程．强化工科实践教学 培养学生的工程实践与创新能力[J]．合肥工业大学学报（社会科学版），2006(4)：35－37．

第三章 应用型本科实践教学现状及影响因素分析

本章简要回顾了高等教育实践教学的发展与演变，利用深度访谈和问卷调查得到了商科专业实践教学数据，评价了应用型本科实践教学的总体现状和影响因素，以期为应用型本科实践教学体系理论模型的构建提供依据。

我国中长期教育发展规划纲要中指出，"把促进人的全面发展、适应社会需要作为衡量教育质量的根本标准"。[①] "人的全面发展"和"适应社会需要"两者的交集之一就是学生的实践与创新能力培养。

① 教育部.关于印发《国家教育事业发展第十二个五年规划》的通知[Z].教发〔2012〕9号，2012-06-14.

一、高等教育实践教学的发展与演变

（一）国外实践教学思想发展与演变

实践教学思想的萌芽可以追溯到亚里士多德、夸美纽斯、卢梭等人为代表的自然主义教育家的教育思想。由于时代和社会环境的不同，他们提出的思想侧重点有所不同，但他们都强调教与学的自然性，认为教学活动是一种没有经过刻意加工的过程。此外，他们还强调儿童在教学活动中的重要性，儿童是教学主体，强调学校教育应与生活教育紧密相连，如亚里士多德明确指出："应当首先关注孩童的身体，而后才是其灵魂方面，再次是关心他们的情欲，当然关心情欲是为了理智，关心身体是为了灵魂。"[①]这些思想都是实践教学重要的理论源泉。自然主义教育思想阐明了西方对自然教育的重视，对儿童"天性"的尊重，只能作为实践教学的理论萌芽，它没有提到教学任务要在实践活动中完成，因此有它的局限性。

19世纪末20世纪初，欧美掀起了"新教育运动"和"进步主义教育运动"，众多改革教育家对当时学校与生活世界相隔离的状况以及以教师为中心的教学情况进行了强烈的抨击，他们竭力主张不仅要对学校和学生的学习方式进行改革，而且要对社会和文化的整体教育系统进行改革，希望能够通过举办"公民教育"和"劳动学校"，用新的教育来代替旧的教育，希望借助新的教学方法来改变以往授受式的教学，从而改变"书本和头脑学校"的现状。[②] 在这样的背景下，与西方实用主义哲学思潮结合而生的进步主义教育得到了迅速发展，并成为当时世纪美国教育史上有重大影响的教育流派。

实用主义，其创始人是皮尔士，经詹姆士得以充分的发展[③]，杜威是实用主义的集大成者，他将实用主义哲学与教育结合了起来，提出了自己的教育思论。

杜威的"从做中学"事实上也就是"从活动中学"的意思，他提出的活动形式包括园艺、烹饪、缝纫、印刷、纺织、油漆、绘画、唱歌、演戏、讲故事、阅读、书写等。按照杜威的理论，"从做中学"的原则始终贯穿于课程设置、教学方法到教学组织形式、教学过程之中。他认为学生知识的获得是通过参与具体的实践活

---

① 亚里士多德.亚里士多德全集(第九卷)[M].苗力田，编译.北京：中国人民大学出版社，1994:26.

② [德]鲁道夫·普法伊费尔，傅小芳.项目教学的理论与实践[M].南京：江苏教育出版社，2007:22.

③ 李声吼，译.技职教育哲学——多元概念的探讨[M].台北：五南图书出版公司，2002:52.

动，自己发现问题，对问题进行加工分析，在解决问题的实践过程中获取知识。这一理论思想为实践教学奠定了理论基础。杜威指出："以经验为基础的教育，其中心问题是从各种现时经验中选择那种在后来的经验中能富有成效并具有创造性的经验。"因此，在教学过程中注重实践教学环节的设计，让学生能够真正地体验生活乐趣，积累知识，丰富人生阅历。

随着时代和经济发展对教育的不同诉求，发始于 19 世纪的实用主义教育理论，从实践活动的效用角度出发，对当今的教育、教学改革特别是应用型本科院校的实践教学的发展仍具有重要的指导价值和诸多的启示。时至今日，实用主义的某种思想仍在发挥着余热，如行动导向的学习、情境学习、合作学习等理念，都吸收了实用主义思想精华。

从 20 世纪 30 年代开始杜威教育理论遭到来自各方面的批判，特别是 50 至 60 年代，随着苏联人造卫星的上天，美国因此反思本国的科技，并进而反思教育。当时的进步主义教育因此受到指责，特别是杜威的教育理论被美国教育界视作导致美国教育质量下降、科技水平落后于别国的重要根源。以美国为首的资本主义国家开始呼吁教育应该追求卓越，要重视科学教育和英才教育，强调加强基础研究与科学教育。然而，这种精英教育由于没有充分考虑到学生的学习愿望、生活经验和学习能力，加之高难度课程造成的学习重负，使学生的学习兴趣遭到严重破坏，学业水平也并非因此得到改善。1969 年美国兴起的有效教育运动，正是站在精英教育的反面，为所有的人在教育中得到好处而呼唤道路。

20 世纪 70 年代以来，无论是来自政治、经济方面的压力，还是来自教育界自身的改革愿望都越来越强烈，在继续强调教育的经济功能的同时，教育的文化功能得到了加强，世界教育改革与发展越来越关注"以学生为本"的教育理念。在这一理念的推动下，"尊重学习主体的发展权利""完善人格""弘扬个性""培养全方面发展的人"等提法成为人们探讨的重心。在这种教育背景下，人们呼吁驱除理论权威，缩小理论与实践教育的差距，让生活实践走进学校。联合国教科文组织发表的教育报告中提及教育四大支柱，即学会学习、学会做事、学会合作、学会生存。这既可以看作是教育的四大目标，同时也全面阐述了国际社会对未来人类学习问题的理解，体现了教育改革主题和观念的重要变化。

20 世纪 80 年代末 90 年代初，教育改革已逐渐成为全球政治、经济改革的重要组成部分。社会的发展及劳动组织的变革对教育提出了新的要求，仅仅停留于基本技能的掌握已不能满足社会对劳动者素质的要求，如何获取和处理信息的能力、与他人合作共同解决问题的能力、主动探究能力及责任意识等关键能力的培养，成为教育改革的焦点问题。与培养这些能力相适应的新的课程形态和学习方式应运而生。如美国积极倡导“以项目为中心的学习”和“以问题为中心的学习”的学习方式，打破了学校中固有的专业结构，克服了单一的思维方式，强调教育与现实生活的联系，通过学生参与项目计划、设计、实施等过程来学习，这些有益的尝试可以探寻到实践教学的思想，或者说使用了实践教学法的某些元素，项目教学成为当时颇受欢迎的教学方法。

20 世纪 90 年代联合国教科文组织在《国际教育标准分类法》中对教育进行了重新诠释，即将“教育是有组织地和持续不断地传授知识的工作”改为“教育被认为是导致学习的、有组织的及持续的交流”。这种改变表明对教学的理解发生了重要的转向，即有效的教学应该能够促成有效的学习，更加强调了教学不是教师单向的传授、强迫给予的过程，而应是学习者主动建构、积极参与、与教师互动、交流的过程。建构主义学习论促成了新的教学范式，即从基于行为主义的以教师为中心的教学范式转变为基于建构主义的以学习者为中心的教学范式。

（二）我国应用型本科实践教学的发展与演变

新建本科院校升本后理论上有三种选择办高水平的职业技术教育。也就是说原来是高职，现在仍然办高职，不过是高水平的高职。比如台湾就是这样做的。台湾的高职跟普通的高等学校是两个并立的系统，它和我们的高等职业技术学院不同，它叫高等技术职业学校。技术职业学校从中等技术职业学校到高等技术职业专科学校，再上升到技职学院，最后可达到科技大学，朝专业性应用型的高等教育发展，即到本科时成为应用型的专业性的院校，培养本科层次各个专业的应用型人才。朝学术型、研究型的高等教育发展，就是朝“工程”大学发展，最后是朝北大、清华这类学术型、研究型大学发展。

根据新建应用型本科高校的发展情况和国家出台的相关政策法规，本研究认为新建应用型本科高校的实践教学发展可以大致分为四个阶段：

第一，认识思考阶段（1999—2004）。1999 年本科扩招到 2004 年本科评估之前，升本的绝大多数新建本科院校的发展方向，都是一心想走清华、北大的路子，千军万马挤向学术型、研究型大学这座独木桥。这一时期新建本科院校的人才培养模式与学术型大学没有什么区别。查阅新建本科院校的人才培养方案或教学计划，可以发现实践教学一般都是配合理论教学进行的，少有独立设置的实践教学课程，学校对于实践教学也没有一个具体的要求，实践教学处于理论教学从属的地位。2001 年 8 月教育部《关于加强高等学校本科教学工作提高教学质量的若干意见》(教高〔2001〕4 号)中提到“实践教学对于提高学生的综合素质、培养学生的创新精神与实践能力具有特殊作用。高等学校要重视本科教学的实践环节”，我们可以看到所提出的要求就是“要重视”，但如何重视、何谓重视，并没有什么具体的要求。

第二，尝试调整阶段(2004—2008)。2004 年教育部开始了新一轮的普通高等学校本科教学水平评估，在指标体系中除对实践教学的硬件和软件两个方面制定了评估标准外，还将学校的办学定位和办学指导思想列入了评估指标体系。同时来自社会和企业的声音让新建本科院校开始重新考虑学校的办学定位，如何才能在高等教育大众化的形势下，在众多高校中培养出适应社会经济发展需要、工作单位急需的人才。这时大家开始注意到美国等国家的应用型人才培养模式，开始了解实践教学在应用型人才培养中的作用。2005 年 1 月，教育部制定的《关于进一步加强高等学校本科教学工作的若干意见》(教高〔2005〕1 号)中就明确指出：“大力加强实践教学，切实提高大学生的实践能力。高等学校要强化实践育人的意识，区别不同学科对实践教学的要求，合理制定实践教学方案，完善实践教学体系。”到了 2007 年 1 月，教育部《关于深化本科教学改革全面提高教学质量的若干意见》(教高〔2007〕2 号)又一次要求：“高度重视实践环节，提高学生实践能力。要大力加强实验、实习、实践和毕业设计论文等实践教学环节，特别要加强专业实习和毕业实习等重要环节。”从 2004 年到 2007 年，所有新建本科院校根据本科评估的要求，加大了实践教学硬件建设，建设了一批高水平的实验实训室。同时有一部分新建院校开始调整学校的办学定位，逐步确立了应用型的办学定位，尝试着对教学体系进行调整，加大了实践教学的比例和改革实践教学方法，走产学研相结合之路。

第三，改革实践阶段(2009—2011)。2008 年本科评估结束之后，高校教育理念有了进一步的更新，新建本科院校从第一轮本科评估的过程中吸取经验，坚定了应用型本科的办学定位，建立和不断完善以应用知识为基础的理论教学体系、以能力为主线的实践教学体系和以人文素养和职业道德为内容的素质教育体系的应用型人才培养模式。将实践教学放到了与理论教学同样重要的位置，开始注重实践教学系统性和完整性，并且也开始了根据不同学科类型的特点构建不同的实践教学体系，这一时期新建本科院校结合学校的学科特点提出了不少培养模式。2009 年教育部进行的新建本科院校合格评估试点的评估标准中对实践教学的要求更加具体化，例如在“人才培养方案”这一观测点中就要求人文社会科类专业实践教学占总学分学时不低于 20%，理工农医类专业实践教学比例占总学分学时比例不低于 30%，这不仅对实践教学在总学时学分中所占的比例有了具体的要求，更重要的是提出了指标体系中体系的分类评价、分类指导的原则。

第四，深化实践阶段（2012—至今）。2012 年，在《教育部关于全面提高高等教育质量的若干意见》中提出：“要创新人才培养模式，以提高实践能力为重点，加大应用型、复合型、技能型人才培养力度。针对实践育人环节，提出要增加实践教学比重，加强实验室、实习实训基地、实践教学共享平台建设。”教育部的相关政策性指导意见，体现出强化实践教学环节的思想，增强学生实践应用能力、培养学生的创新创业能力成为新形势下高校人才培养的重点。2014 年 5 月，《国务院关于加快发展现代职业教育的决定（国发〔2014〕19 号）》中明确提出，坚持校企合作、工学结合，强化教学、学习、实训相融合的教育教学活动。推行项目教学、案例教学、工作过程导向教学等教学模式。加大实习实训在教学中的比重，创新顶岗实习形式，强化以育人为目标的实习实训考核评价。健全学生实习责任保险制度。积极推进学历证书和职业资格证书“双证书”制度。开展校企联合招生、联合培养的现代学徒制试点，完善支持政策，推进校企一体化育人。开展职业技能竞赛。将于 2017 颁布的《国家教育事业发展“十三五”规划》指出：“支持一批地方应用型本科高校建设，重点加强实验实训实习环境、平台和基地建设，鼓励吸引行业企业参与，建设产教融合、校企合作、产学研一体的实验实训实习设施，推动技术技能人才培养和应用技术创新。”由此可以看出，2012 年后，国家各部委出台了系列文件支持高校应用型人才培养及地方应用型高校建设，我国本科实践教学发展进入深化实践阶段。

二、应用型本科实践教学总体状况评价——基于商科专业调查

（一）访谈调查目的和情况说明

为深入了解和掌握目前应用型本科院校商科专业实践教学现状、存在的问

题及影响因素，本课题组选取了向省内外应用型本科院校且开设商科专业的9所学校发放了访谈问卷和调查问卷。

1. 问卷设计

为了对9所学校商科专业实践教学情况做宏观的了解和把握，课题组首先选取相关学校的二级学院部分领导、专业负责人、专业教师做了深度访谈。为得到准确的调查信息，真实反映现实中存在的问题，保证调查活动的科学性、有效性和代表性，调查之前课题组采用了重点访谈法和头脑风暴法，对问卷设计的内容、选项设计等，充分听取了教育学专家、行业专业人士、学校行政管理人员、一线教师、在校大学生等多方意见，结合本人在高校多年的教学和管理工作经验，对访谈问卷几经修改完善，最终形成了访谈问卷(见附录1)。本次问卷调查内容分为四个部分：一是被调查学校及商科专业的基本情况；二是商科类专业实践教学的内容(具体包括校内实验课程设置情况、校外实践教育基地情况、假期社会实践情况、毕业实习情况、其他实践教学形式情况)；三是商科专业实践教学的管理情况；四是商科专业实践教学效果与评价。

2. 调查原则与方法

调查的原则是努力提高访谈的科学性、代表性、真实性和有效性。

调查采取了典型抽样法，选择了9所应用型本科院校为样本。这些大学都设有商学院或经济与管理学院，工商管理类专业和应用经济学类专业各具有特色，本科生分别在本科一批、二批、三批招生，商学院或经济与管理学院在校生人数超过1 500人，具有典型性和代表性。

3. 访谈调查过程

课题组选取了9所高校，每所高校访谈二级学院领导一名(院长或教学院长)、专业负责人一名、专业教师一名。课题组除了对院校进行访谈以外，还查阅了院校的相关教学、就业数据，以便全面了解实践教学的总体状况。

(二) 调查结果分析

在样本的调研中，所有院校都认为在商科专业人才培养中进行的实践教学非常有必要。调查结果显示，商科专业实践教学的现状主要有以下特点：

1. 应用型人才培养目标呈现良好适应性

第一，样本院校商科专业学生就业率较好。研究样本院校商科各专业人才培养目标定位比较适应社会经济发展需要。从就业率来看,样本院校商科专业学生的平均就业率为95.74%,表明商科专业人才培养的适应度较高。调查也发现,样本高校都认为自身人才培养适应经济社会发展需要,78.4%的高校认为适应或很适应社会经济发展需要。从就业去向来看,学生就业去向以企业为主。各高校能够面向市场,适时调整课程设置,加强实践教学,使得目前的商科专业人才培养较为贴合社会经济发展需要。

第二,人才培养目标与学生就业去向匹配度较高。应用型高校主要培养应用型、复合型人才,毕业生去向主要是就业。从调查结果看,平均94.2%的毕业生选择直接就业。其中,三本院校选择直接就业(非升学)的比例最大,达到98.3%;江苏苏北区域高校考研比率最高,平均达到13.82%;苏南地区申请出国学生比例较高,平均达到9.25%。就业去向较为多元,各类型单位都有,其中金融机构(43.3%)、工业企业(30%)、商业企业(23.7%)相对较多。

2. 课程体系结构完备

通过调阅样本院校商科各专业培养方案发现:

第一,商科各专业课设置相对集中。比如在专业基础课方面,普遍开设宏观经济学、微观经济学、会计学和统计学等;在专业课程方面,同专业不同学校开设课程相似度较高。

第二,课程设置能与时俱进。表现在实践课程比重增加,平均学分比例为21.82%。很多院校会根据区域经济的发展趋势和就业需求调整课程设置,根据毕业生就业去向的改变更新课程内容。

第三,课程设置能因校制宜。调研发现,不少高校都能根据自身师资、区位、定位等情况开设特色课程。比如某校物流管理专业与京东物流合作,开设了相关的企业特色课程,为学生的错位就业、差异化发展提供了很好的条件。

3. 质量评估与监控制度基本形成

调查结果显示,各高校商科专业质量评估制度基本建立,为提高教学质量普遍采取了学生评教、奖惩制度等许多积极有效的评估措施。同时,加强监控制度建设,确保各项质量评估制度的有效落实。比如,把教学工作作为一把手工程,院系领导是所在单位教学质量的第一责任人,层层抓落实,确保教学中心地位;在绩效考核和职称评定时,坚持实行教学质量和教学表现"一票否决制";实行学校领导联系教学单位制度;将本科教学工作纳入院系管理考核指标体系。通过有效的评估和监控，切实保障了商科本科专业的教学质量。

4. 实践教学环节内容丰富

从总体上来看，所有样本高校商科专业均设有实践教学环节，而且实践教学环节种类较为丰富，66%的高校设有4种及以上的实践教学环节。在各类实践教学环节中，“毕业实习”和“毕业论文”各校均有安排；“社会实践”是最普遍的一种形式，有98.2%的高校选择；其次比较普遍的形式是课程实验和教学实习，分别有89.3%和83.9%的高校选择；科研训练有65.4%的高校选择。另外还有12.5%的高校采用了其他实践教学环节，例如自主实践、校内仿真实习、集中实训、行业调研、企业见习等。

5. 普遍重视专业实验室建设

调查发现，平均每个专业建设实验室1.46个，但各类学校存在较大差异。独立学院实验室数量偏低，平均每个专业有0.96个，换言之，独立学院并非所有专业都设立了专门实验室。

6. 实习基地数量差异较大

调查发现，平均每所高校商科专业有16个实习基地，但实习基地利用率和校企合作深度各校之间、不同专业专业差距较大。

三、应用型本科实践教学体系存在问题分析

被调查的本科院校经过思考论证，确定了应用型人才培养的办学定位，实践教学建设也取得了一定的发展，但是仍然还存在着以下几个方面的问题：

（一）应用型本科教育的定位不够清晰

应用型本科人才培养主要以应用性教育为主，以知识的应用为培养目标，以专业知识的应用服务于社会，以知识的应用研究为前进动力，使“应用性”成为学校办学特色，成为学科布局、专业设置、科学研究、教学改革、质量评价的主色调。部分学校的教学管理者虽然确立了应用型本科的办学定位，但还没有完全搞清楚应用型本科教育的内涵是什么、在人才培养模式上与传统的本科教育有何区别、对教师的要求有什么不同、课程体系设置有什么不一样。比如表现在教学上，就是仍然把理论知识传授放在首位，而把实践教学、能力培养作为理论知识传授的补充形式，实践教学比较薄弱。在这种传统观念的制约下，学校

在资金与人员分配、管理人员在教学资源配备、教学人员在教学内容选择和教学方法使用上，均倾向于课堂理论教学，致使实践教学处于次要地位。有些学校虽然在学校的定位上提出了应用型人才培养的要求，但是在其学校的学位授予条例中仍然将人才培养的具体要求定位于培养厚基础、宽口径的高级人才。这些问题的出现，一方面，因为传统本科人才培养的惯性，知识本位的价值观在我国新建本科高校中依旧占据着主导地位，学校领导的思想和观念还没有从精英教育中完全摆脱出来，不清楚应用型本科人才培养有什么具体的要求；另一方面，这些学校升本的历史都不长，在学校的特色发展之路上还处于探索阶段，没有真正将学校的特色发展与所处区域的经济社会要求相结合。

（二）实践教学体系的构建缺乏系统性

部分院校在人才培养方案的设计中，没有认真思考本学校、本专业应用型人才培养的特殊性，而是惯性地参照传统本科来构建自身的实践教学体系。这从调查中显示各校课程设置相似度较高中也可看出。此外，重理论、轻实践的现象依然存在于其教学体系中。

1. 实践教学时数相对于理论教学来说仍然偏少

部分院校的教学体系中，与传统本科相比，虽然增加了一定的实训内容和课时，但其实践教学与理论教学的课时比例与传统本科基本一致。课题组将调查院校相关专业的人才培养方案与东南大学等985传统本科高校进行了对比，特别是在低年级时期，相关专业的教学安排相似度较高。

2. 实践教学仍然依附于理论教学，没有构建相对独立而系统的实践教学体系

对比被调查院校的人才培养方案发现，在教学计划中理论教学的体系是独立而完善的，实践教学虽然明确了实验、实训、认识实习、课程设计和毕业设计等教学环节，具备一定的实践教学体系的形式结构。但是其实践教学体系的内容结构却是分散而孤立的，教学内容大多附属在理论教学的系统上，缺乏实践教学体系自身的纵向连贯性和系统性。

3. 实践教学环节与实际生产的契合度不高

各项实践教学环节基本根据理论教学的需求而设计，实践教学仅是为了更好地理解和掌握理论教学的相关内容，并且大多是在校内进行，从而忽略了教学内容和环境与生产实际的结合。无论是在本科教学评估中还是在江苏省学

士学位授权评审标准中对实践基地都有具体的要求。从文字材料上看，每个专业的实践基地数量都达到甚至远远超过规定的要求，但是具体考查每个教学实践基地的使用情况时发现有的实践教学基地仅是挂个牌子，根本没有安排过实践教学活动；有的实践教学基地仅是简单地安排一些参观和考察活动，学生根本无法深入了解企业的生产经营情况。不过也有一些实践教学基地使用情况良好，它们通过校企合作和产学研开发等方式，一方面为学生提供顶岗实习的机会，并安排专人进行培训和指导；另一方面充分利用高校的人才优势，与学校联合开展科学研究，使学校成为企业发展的重要动力来源。

4. 课内教学实践与课外的实践教学没有有机结合

学生的在校学习生活，除了课堂教学外还有很大的一部分是课外时间。访谈学校都为学生安排了各种各样、内容丰富的课外活动，但是这些课外活动与学生的专业联系的并不多，除了少部分成绩较好的学生参加到一些学科竞赛、大学生创新计划项目、实验室开放等活动中来，大部分学生参加的都是学生社团组织的文体活动。这些社团活动与专业的相关性不高，且由于制度原因，指导教师的积极性也不高。这些社团活动对于学生综合运用所学知识，提高实践能力、创新能力、创业能力和素质没有多大的帮助，学生的能力、素质培养主要还是依靠课内教学实践来进行。

造成以上问题的原因有以下几个方面：一是对实践教学的思考不足。由于受传统教育思想的影响，没有办应用型本科的经验，奉行“拿来主义”，对实践教学在应用型人才培养中的重要作用没有充分认识，没有将实践教学与理论教学放在同样重要的位置上，理论与实践并重的人才培养目标没有得到具体落实。二是对实践教学探索的时间较短。访谈学校虽然已经认识到了实践教学在应用型人才培养中的作用，但是要形成一个完善的体系需要经过不断的探索和实践，需要根据社会经济发展的要求，建立一个系统化、立体化的实践教学体系，这是一个漫长的过程。三是实践教学时间安排不尽合理。访谈学校的实践教学安排基本一致，而且时间也不长，多为集中四周左右的时间进行实践，同一个时间点多个专业同时进行实践，校外实践教学基地无法承受。四是国家对实践教学的支持力度不够。商科专业的实践教学需要企业的深度参与，而国家在学生实践、实习方面的政策支持与保障力度不够，激发不了企业的积极性。

（三）实践教学课程的内涵建设不足

在访谈中发现，实践教学课程建设往往得不到重视，从而影响实践教学的质量。主要表现在：

一是实践教学的内容不能适应用型人才的培养要求。访谈各校商科专业的实践课程均出现内容陈旧、更新慢的现象。这是因为学校的专业设置、人才培养方案制订，教学内容制订和教材选用等都是学校内部的事情，很少真正去了解社会和企业的要求。虽然，院校商科专业在编制修订人才培养方案时，都邀请企业人员参与，但一些课程内容无法跟上时代的发展要求。这是因为现阶段大部分的教师都没有多少企业的实际工作经验，在给学生授课时和带领学生进行实践活动时多为纸上谈兵，甚至教师的教学内容多年不进行更新，这些都导致实验教学内容不能适应社会和企业对应用型人才的要求。此外，开设的实验实践内容多为验证性的，而需要学生综合运用所学知识的综合性、设计性实验比例较低。虽然，从数据上看，各校提供的综合性、设计性实验的比例似乎很高，几乎达到100%，但是这个比例是按课程进行统计的，一门实验实践课程中无论有几个实验，只要其中有一个实验是综合性、设计性的实验，这门课程就是综合性、设计性的实验，而不是深入到每一门课程内，关心具体课程实验开出的实验中有多少个实验是综合性、设计性的。因此综合性、设计性实验的比例只是在数据上达到了要求。

二是实践教学方法缺乏改革和创新，实验、实训技术手段落后。访谈学校大多没有充分利用计算机软件、网络等辅助手段进行模拟实验，实验的精确度不高，综合性、仿真性实践项目不多。

三是学生的积极性得不到充分发挥。实践教学不仅是要让学生掌握实践的内容，更重要的是要学生掌握实践的方法，这就要求教师在实践教学中应该着重于启发和引导学生，对不同水平的学生提出不同的要求，因材施教，充分调动学生的创新意识，培养学生的科学探索精神。而现实中，实践教学一般仍然采用的是教师主导的教学方法。

究其原因，一方面实践教学的内在价值和重要现实意义并未得到切实的重视，重理论轻实践的传统教育观念影响仍然巨大，实践教学得不到应有的重视，而且实践教学环节具有多样性、内容具有复杂性，实践教学在时间、场地和内容等方面的特殊性，导致其教学方法和手段多样化；另一方面是商科专业的实践教学必须紧密联系社会实际，教学内容要充分反映新技术的应用并且更新较快，使得实践课程的建设需要比较繁琐的组织工作和更多的人力物力投入。

（四）严重缺乏具有实践教学经验及技能的师资

要培养具有实践能力的合格人才，必然要求具有相应特色的师资队伍。这就要求应用型本科院校的教师不但要有较高学历，而且要有较丰富的实践经验，要有与地方经济、行业系统密切联系的经历或渠道，具备善于实践的能力和较高的专业技能。访谈调查发现，由于人事制度聘用原因（学校聘用教师须有博士学位）及学校对实践教学重视不够，所以很难聘用、聘请到既有较高学历又有丰富的实践经验和较强的专业技能的人到商科专业高校任教，而原有的实践教学老师在市场经济大潮的冲击下，不少优秀人才辞职流向高工资、高福利单位，致使实践教师队伍人才流失严重，实践教学教师队伍的人才结构愈加不合理，层次结构偏低，素质有待提高。新招聘到学校的青年教师虽然学历较高，但是在我们的研究生教育中对于实践要求更加不明确，没有具体的实践经验，自然无法带领学生进行实践教学。

此外，由于目前高校职称评聘制度中只注重被评者专业理论教学的研究和其学术水平的提高，致使教师对实践教学的关注和参与度不够。所以目前新建应用型本科院校的商科专业教师多半缺乏实践经验的积累，对新知识、新方法、新技术了解甚少，较难胜任实践教学。

在各学校教师培训计划中，只有理论课教师的培训，几乎从没有考虑实践环节教师的培训。访谈高校在思想上、理论上、口号上认为实践教学重要，都提出加强实践教学环节，提高学生能力和素质的培养，也在不断提高实践教学课时比，但是对承担着实践教学重任的实验教师队伍的自身素质提高却又漫不经心，没有培训机制，没有培训计划，没有培训基地，培养机制尚未形成。再者，教师往往也具有人所共有的行为惯性，在没有任何行政要求等外在动力促使教师形成强化实践教学的“驱动力”时，则易于按照“轻车熟路”的知识灌输方法进行授课。因此，严重缺乏具有实践教学经验及技能的师资也就不足为奇了。

究其原因，主要是：一是教师队伍性质、角色没有明确定位。高校是传道授业解惑的地方，强调传授高深学问。长期以来，高校过分强调了这一功能，以致于形成了一种以理论教学为中心的教育观念，实践教学仅处在一种对理论教学内容进行验证的辅助地位。在我国高校传统中，实验教师队伍一直以来都被称之为教辅队伍，处于配角地位。他们与理论教学教师之间有一道鸿沟，他们天生是为教学服务的，而不属于教学本身，就像护士永远不是医生一样。许多高校实践教学教师限于教学资源的管理、维修、操作等，没有条件开展实验课程及项目的研究、计划的编制、课件的开发，不能参与跨学科实验的研究等实践教学项目，并且在教学资源使用、报酬上也始终与理论教师有较大差距，以至于在师资队伍建设逐步得到各高校重视的今天，其地位难以确立，作用仍然难以充分发挥，从而较大地制约了这支队伍的建设和发展。在访谈院校中，部分专业没有专职实验教师，而是由理论教师兼职。二是实验教师队伍建设缺乏宏观机制。各级教育行政管理部门都设有专门的师资管理机构，专门从事管理师资队伍建设工作，但对实验教师队伍的构成没有基本要求，队伍的编制没有基本指标，队伍的提高没有基本渠道，管理上处于一种放任自流状态，各行其是，变动不定，对促进高等教育现代化、提高应用型本科人才教育的水平极为不利，对高校的人力资源发挥整体优势，促进高等教育可持续发展极为不利。

（五）高效的实践教学评价和质量监控体系没有形成

访谈调查发现，实践教学与理论教学相比较缺少规范化的教学评价体系和严格的质量监控体系。

首先，在实践教学安排方面，学校不重视实践教学计划的制订，缺乏独立于理论教学的实践教学体系。很多高校没有把实践教学看成是与理论教学同等重要的环节，甚至觉得可有可无，没有专门针对专业课程的实践教学计划。课题组走访的部分学校，没有明确地将理论教学和实践教学进行划分，更没有专门的实践教学管理机构。在实践教学计划和实践教学质量方面不像理论教学那样，有明确的档案资料和评价指标。这就必然限制了实践教学的科学发展。

其次，传统的以考卷为主的考核方法不能有效地反映实践教学成果，很难有效地测量学生的实践能力。由于考卷考核在出卷和批改方面有明确的要求及标准，简单易行，因而长期以来深受青睐。而实践教学不像理论教学那样已经有一套大家熟悉的考核方式，缺乏科学的评价体系及质量监控体系，因而增加了考核的难度。

第三，实践教学缺乏一套能体现应用型本科实践教学特点、科学反映实践教学水平和学生实践能力与素质的评估指标体系和行之有效的方法，对实践教学的考核和评价具有一定的随意性。从访谈调查的院校运行的实际来看，各高校都十分重视理论课的监控，理论教学质量监控体系相对完整，却忽视和缺少实践教学监控环节，从而使培养出来的人才不符合社会需求，也使整个质量监控体系显得不完整。

（六）对实践教学场地的科学建设和管理不到位

实践教学离不开必需的实验场所及实习基地。访谈院校近几年都加大了实践教学的经费投入，硬件条件得到很大的改善。但是在实践教学场地的建设和管理过程中，因为缺乏科学而系统的建设规划和管理，实践基地建设的投入和产出存在失衡。

第一，以院系为主体进行建设规划的建设模式往往容易出现实践教学基地规模小、结构不合理、重复建设等问题。

第二，实验、实训室的建制与理论课设置一一对应。一门课一个实验室，每个实验室都是“小而全”，在经费、设备、场地、人员、教学任务安排等方面均彼此独立、相互封闭，从而致使实验、实训室空置率较高，校内实践教学场地利用率偏低。

第三，校外实践基地开放性较低，利用率不高。商科专业某些业务涉及企业经营的安全和机密，很难对实习学生开放。比如财务管理专业学生难以找到对口的财务岗位实习。这是因为许多大企业设置了单独的财务机构，专门从事融资、投资等业务，但是绝大多数企业，尤其是中小企业，没有单独的财务机构，只是设置了会计机构，这使财务管理专业学生难以找到对口的实习部门。另外，财务管理专业实习岗位涉及具体的单位的经济数据和财务数据，单位的财务数据一般保密，不会让学生接触核心业务。

第四，校外实践基地的管理难度较大。由于缺乏管理，校外实践基地企业指导教师的带教往往流于形式。有的实习单位则不安排固定指导教师，或没有指导教学计划；有的实习单位把学生实习当作额外负担，或只因熟人面子难却而勉强接受，或把实习学生当作免费打工的劳动力。

造成这种情况的原因主要有三个方面：一是学校的实践教学场地建设缺乏统一的布局和规划；二是信息化系统建设落后于实践教学场地建设；三是相关的鼓励政策不到位，影响学校和企业的积极性。总之，由于以上原因，造成了实践教学与理论教学相比仍然处于弱势地位，应用型人才的特色无法得到彰显。

四、应用型本科实践教学体系构建影响因素分析

（一）调查目的

为了解决高校实践教学中存在的实际问题，课题组针对应用型本科商科专业实践现状，先后做了二次问卷调查，并对调查数据进行统计分析和建立数学模型，重点对影响应用型本科商科专业实践教学的各因素做了相关分析。在此基础上，课题组又做了因子分析，试图从学校、教师、学生三个方面进一步分析影响商科专业实践教学体系的因素，以期为后续应用型本科商科专业实践教学体系模型的构建提供依据。

（二）问卷设计与调查

1. 问卷设计

经过分析讨论，个别征求专家、管理者、教师、学生的意见，课题组共设计了19个问题，它们包括实践教学的重要程度、实践教学的次数、实践教学的内容、兴趣、时间安排、经费投入、经费来源、实践教学占总学分的比重、使学生哪方面受益、任课教师实践能力、指标体系构建、实验室模拟活动、教师上课中的哪些活动可以看作是实践活动、实践活动次数、制约社会实践发展的因素等。多数题项都有五个选项，从中选择一个最佳项；个别题项也有多个备选，为多选调查项；也有开放性问题(具体见附录2)。

2. 调查

为提高调查结果的科学性、代表性、典型性，提高问卷的回收率和有效率，课题组在每个被调查的学校发放问卷不少于15份；同一学校同一专业发放3～5份问卷；当面回收问卷；熟悉的同学和朋友可以通过电子邮件进行问卷调查。

考虑不同专业和年级之间的大学生所具有的差异，为了使样本更好地反映总体情况，我们在工商管理类和应用经济学类专业进行调查，抽取样本，涉及的专业有：会计学、物流管理、财务管理、电子商务、国际经济与贸易、经济与金融、市场营销、旅游管理、金融学。对于不同年级采取分层抽样法，划分为四个层次，使样本均匀分布于该学校的商科专业的不同之中专业。调查问卷的发放时间是2015年3月至6月和2015年10月至11月，共投放问卷200份，回收164份，回收率为82%，其中有效问卷140份，约占回收问卷的85.37%。

学生样本中年级分布如下：一年级学生占17.9%，二年级学生占23.5%，三年级学生占25.7%，四年级学生占32.9%。因为一年级学生到校时间最短，对实践教学的体会较浅，而大四学生经过近四年的在校学习，对实践教学情况最熟悉、最具有发言权。因此，大一学生在样本中所占比例最小，大四同学所占比例最大。

学生样本中专业分布如下：会计学专业占18.12%、物流管理专业占8.35%、财务管理占15.24%、电子商务专业占8.86%、国际经济与贸易专业占11.25%、经济与金融专业占3.19%、市场营销专业占10.21%、旅游管理专业占13.23%、金融学专业占11.52%。样本专业分布比例主要参考各专业学生数占总学生数的比重来确定的。

（三）数据分析

通过相关分析、因子分析，对调查数据中的各个因素间的相关影响力进行了量化分析。

1. 相关分析

由表3-1相关性分析可知：

（1）“实践教学次数安排X2”与“实践教学时间安排合理性X5”“实践教学经费投入X6”和“实验室仿真活动安排X12”呈正相关关系。说明学校实践教学时间安排合理、实践教学占总课时的比例适当，相应会增加实践教学次数；实践教学经费投入合适也会保证实践教学活动的必要次数；实践教学开展次数多，实验室仿真活动多，实践教学的效果就会较好。

（2）“实践教学内容X3”与“实践教学时间安排合理性X5”“实践教学经费投入X6”呈正相关关系。说明实践教学内容是否丰富与实践教学时间安排的合理性相关。如果实践教学实践时间不充裕、课时少，实践教学内容安排必然缺乏系统性和完整性；学校经费投入多少直接影响实践教学内容，经费过少使实践教学活动量少，程序可能不完整，师生参与实践教学的效果将会大大降低。

（3）“实践教学时间安排合理性X5”与“实践教学评价指标体系X11”呈正相关关系。说明学校实践教学评价指标体系中应该对实践教学的时间做出合理安排，包括实践教学的总课时数、每门课程实践教学与理论教学的比例、每学期或学年实践教学的具体时间安排，从而使实践教学活动做到四年一贯性，专业课程实践教学具有特色性。

表 3-1 相关性分析表

		X1	X4	X5	X6	X8	X10	X11	X12	X14	X15
X1	Pearson Correlation					-.936					
	Sig. (2-tailed)					.019					
X2	Pearson Correlation			.934	.939				.945		
	Sig. (2-tailed)			.031	.018				.042		
X3	Pearson Correlation			.902	.932			.977			
	Sig. (2-tailed)			.037	.021			.004			
X5	Pearson Correlation				.985			.941			
	Sig. (2-tailed)				.002			.017			
X6	Pearson Correlation							.939			
	Sig. (2-tailed)							.018			
X7	Pearson Correlation									.904	
	Sig. (2-tailed)									.035	
X8	Pearson Correlation									.954	
	Sig. (2-tailed)									.015	
X10	Pearson Correlation										.903
	Sig. (2-tailed)										.036

注:Correlation is significant at the 0.05 level (2-tailed)

(4)“实践教学经费投入 X6”与“实践教学评价指标体系 X11”呈正相关性。说明实践教学评价指标体系的完善,可以督促学校保证实践教学经费的投入;而实践教学经费的准时、足额到位,又可以促进实践教学活动的落实,进一步完善实践教学评价指标体系,从而提高实践教学的效果。

(5)“实践教学经费来源 X7”与“实践活动改善 X14”呈正相关性。说明实践教学经费来源充分,可以促进实践活动的改善;学校实践教学活动的改善,可以广开实践教学经费的来源,充分利用社会资金,开展多种形式的实践教学活动。加强校外实践基地建设,推进产学研一体化建设,促使师生参与多种形式的社会活动和实践教学活动,不断改善学生实践条件,二者相辅相成。

(6)“教师实践能力 X10”与“实践教学的制约因素 X15”呈正相关性。说明教师的实践能力的强弱，直接体现在实践教学的制约因素上。没有实践经验的教师，很难指导学生提高实践能力；实践能力较弱的教师，不能带出综合实战能力较强的学生。所以，提高教师的实践能力是做好实践教学工作的必要条件，有利于提高实践效果。

2. 因子分析

对调查的15个指标进行因子分析，采用主成分分析法提取因子，利用方差最大化正交旋转，得到的因子载荷值如表3-2因子分析结果所示。分析结果共产生3个因子，共解释了总体变差的97.82%。

从绝对值看，“实践教学评价指标体系X11”“实践教学内容X3”“实践教学时间安排合理性X5”“实践教学经费投入X6”“教师实践能力X10”“实践教学次数安排X2”在第一个公共因子载荷值较高，归纳为“学校因素”，说明学校的这些指标对实践教学的效果影响较大，而且成正比例关系。

“实践活动改善X14”“实践教学经费来源X7”“学生积极性X4”“实践教学比重X8”“实践教学重要程度X1”在第二个公共因子载荷值较高，归纳为“学生因素”。“实践活动类型”、“学生受益方面”在问卷中是复选题。根据问卷提供的选项，“案例教学”“学生讲课”和“师生互动”处于“课堂实践教学活动类型”的前三位，说明教师要充分利用课堂理论教学的机会，改进教学方法，开展形式多样的课堂互动教学活动，这样既受学生欢迎，又使学生直接受益。“社会经验增加”“实战能力提高”和“素质提升”处于“学生受益”的前三位，说明在实践活动中学生逐步掌握了社会所需要的实战能力。

“实践活动类型X13”“学生受益方面X9”“实验室仿真活动X12”在第三个公共因子载荷值较高，可以归纳为“教师因素”。教师是实践活动和实验室模拟体验的组织者，同时也是给予学生知识和能力、使学生受益的直接传授知识者。在教师组织实践活动中，推进了学校实验室和教学设备的充分使用和维护；通过组织校外实践活动，提升学校的知名度和美誉度，在实践教学活动中使学生直接受益。“实践教学制约因素X15”这个变量在第一、第二个公共因子上的载荷值都比较高，可以认为制约因素中有一部分属于学校方面的原因，比如教学计划是否合理、领导重视程度、实践经费多少；另一部分属于学生方面的原因，比如学生缺乏参与积极性。我们按其载荷值大小，把它归于第一个因子中。“实验室仿真活动X12”在第一、第三个公共因子上的载荷值都超过了0.5，我们可以认为学校对实验室的建设投入多、教师组织实验室仿真活动多，有助于实践教学的开展，所以我们把它归于第三个因子"教师因素"中。

由表 3－2"因子分析结果"可知，"学校因素"对总方差的解释比例占到了45.365%，"学生因素"对总方差的解释比例占到了 37.752%，"教师因素"对总方差的解释比例占到了 13.279%，三个因子对整体方差的累积解释量为96.496%。这表明学校、学生、教师对实践教学的影响程度依次降低。他们的关系是"学校是实践教学活动的决定因素，教师是实践教学活动的组织者，学生是参与者和受益者"。

表 3－2 因子分析结果

因子	因子测量项目	因子载荷		
		1	2	3
1. 学校因素	实践教学评价指标 X11	.996	.022	.058
	实践教学内容 X3	.972	—.134	.186
	实践教学时间安排合理性 X5	.962	—.115	—.236
	实践教学经费投入 X6	.957	—.241	—.132
	教师实践教学能力 X10	.815	.442	.308
	实践教学安排次数 X2	.805	—.487	—.326
	实践教学制约因素 X15	.768	.636	.—061
2. 学生因素	实践活动改善 X14	.—187	.962	.203
	实践教学经费来源 X7	—.119	.962	—.224
	学生参与实践教学的积极性 X4	.287	.922	.162
	实践教学比重 X8	.234	—.895	—.237
	实践教学重要程度 X1	.179	.746	.554
3. 教师因素	实践活动类型 X13	—.065	—.051	.991
	学生受益 X9	.450	.429	.726
	实验室仿真活动 X12	.595	—.310	—.629
解释总体方差比例(%)		45.465	37.752	13.279
累计解释总体方差比例(%)		96.496		

3. 影响应用型本科商科专业的三大因素分析

(1)学校因素

由于“经费投入”“实践教学的内容”“专业实践教学的次数安排”“制约实践教学的因素”“实践教学评价指标体系”“实践教学时间安排合理性”和“在教学计划中实践教学占总学分的比重”等因素是教师和学生无法自行决定的因素,只能由学校通过科学管理,建立健全实践教学体系;通过学院科学论证,确定合理的实践教学时间安排;通过对于专业和课程的特点分析,确定实践教学在教学计划中所占的学分比重。因此,把以上因素归类为影响实践教学体系构建的学校因素。

①实践教学的经费投入不足

“在实践教学的经费投入”问题中,21.4%的学生认为“充足或者较充足”、49.2%的学生认为“一般”、29.4%的学生认为“不充足或者很不充足”。在“制约实践教学的因素”调查中,20.4%的被调查者认为是“经费制约”因素,说明部分商科专业实践教学经费投入并不十分充裕,甚至有的学校投入还很少,不能保证实践教学的正常进行。学校要出台政策,鼓励教师使用校内实验室开展各种实践教学活动,并在课酬、工作量、评优等方面给予政策倾斜。同时,可以开展实验室实践教学竞赛、实验项目比赛、科研项目招标等活动,降低实践教学成本。

②实践教学的内容单调

25.3%的学生认为专业实践教学的内容“不丰富”或者“很少”,50.2%的学生认为专业实践教学的内容“一般”。说明超过一半的教师授课已经重视学生实践能力的培养,有适合的实践教学形式和内容,但是内容还不丰富,学生没有真正满意和有所收获,特别是仍然有近25%的教师忽视学生实践能力的培养。学校应使任课教师明确实践教学对于培养学生能力的重要性,明确学校培养学生的目标,真正提高学生的综合能力和实战能力。

③实践教学的时间安排不合理

学生认为每学期“专业实践教学的次数安排”“不多(小于5次大于等于2次)”和“很少(1次以下)”的占38.4%,说明专业教师组织实践教学次数少,达不到实践教学的效果,这既有制订教学计划不力的原因,也有课内实践教学组织不力的原因。

在实践教学的时间安排上，21.5%的学生认为“很合理或较合理（假期集中实践、每学期有实践、专业课有实践、实验室有安排；假期集中与分散实践相结合、专业课有实践、实验室有安排、专题实践和实验）”、40.5%的学生认为“基本合理（假期集中与分散实践相结合、实验室安排专业课实验）”、38.0%的学生认为“不太合理或者很不合理（实验室极少安排实验、假期极少有活动；假期分散实习、不安排校内实习活动）”。数据说明，在时间安排方面各学校差异较大，有超过 1/3 的学校问题较多，急需调整；近 1/4 的学校发展比较成熟、较为科学；超过 2/5 的学校实践教学时间安排有必要进一步论证，科学调整。

实践教学时间的安排需要学校根据教学计划、专业大类的不同，科学论证，制定指导性意见和建议。具体专业和课程实践教学的时间安排由院（系）负责，确保教学计划的落实。学生要保证实践教学的时间是完整的、实践效果是明显的，并且还要通过学校的实践教学成绩考核。

④缺乏有效评价指标体系

在“评价学生实践能力的指标体系”的调查中，1/4 强的高校评价学生实践能力的指标体系“较完善”；超过半数的学校“有一些”；1/5 的高校评价学生实践能力的指标体系“几乎没有或者没有”，见表 3-3 所示。

表 3-3 评价学生实践能力的指标体系的调查

类型	很完善	较完善	有一些	几乎没有	没有
调查数据	0	26.7%	54.8%	17.3%	1.2%

数据显示，实践教学体系的构建需要学校根据办学定位和办学目标确定，院（系）结合自己学科、专业和课程特点具体落实，并且通过教学计划强化和保证实践教学活动的实施。要想对学生实践教学活动做出正确评价，需要校、院（系）两级都应有自己的评价指标体系，并不断加强建设、论证、调整和规范，加强实践教学的研究和管理，切实提高实践教学的质量。实践教学的评价可以通过四个层面进行，即社会对学生实践活动的评价、教师对学生实践活动的评价、专家对实践活动的评价和学生对实践教学的评价共同完成。这些将在后续章节中详细论述。

⑤实践教学学分和课时比重有待于调整

在“教学计划中实践教学占总学分的比重”调查中，67.7%的高校（专业）实践教学比例在 10%～25%之间，实践教学比例高于 25%的学校（专业）接近 1/4，约10%的学校(专业)甚至低于总课时的1/10,这不利于学生实践能力的培养,不利于实践教学质量的提高,见表3-4所示。

表3-4 高校教学计划中实践教学占总学分的比重调查

	1/3	1/4	1/5	1/10	1/10以下
高校实践教学比例	5.8%	18.6%	30.5%	37.2%	10.9%

应用型本科高校商科专业要借鉴理工科大学和理工科专业的实践教学体系建设的经验,借鉴国外办学经验,结合自己的办学定位和办学目标,确定较为合理的比例。目前国内多数学者认为1/3的比例较为合理,对于商科专业科来说,根据不同专业学生的不同特点,这个比例还可以在一定的范围(比如5%)内上下浮动。

⑥教学计划有待于修订完善

在"制约实践教学的因素"调查中,37.6%的被调查者认为"教学计划制订不合理"。学校宏观控制和管理是解决问题的关键。一方面,学校需要完善规章制度,检查监督学院的日常教学管理工作;另一方面,专业建设的主体单位在二级学院,学校要从制度层面促进二级学院加强专业建设和课程建设,完善课程结构,更新课程管理,此外,学校要加强与社会、行业的联系和沟通,加强校企合作,广辟经费来源,为学生创造更多的实践机会,提供更多的场所,真正使实践教学收到应有的效果。

进一步定性分析高校学校层面的管理中,还有一些问题也同样影响并制约着商科专业实践教学体系的构建,如学校办学定位、课程体系和专业课程板块建设、师资管理、组织机构的建立健全、实验室设备及管理制度、实习基地建设的鼓励政策、实践教学成果的考核等,这些将在后续章节中详细论述。

(2) 关于教师的因素

①教师利用课内组织实践教学活动的积极性

在调查中,"认为教师上课中的哪些活动可以看作是实践活动(可以复选)"的调查中,学生最认同的是案例教学(53.4%),其次是学生自己讲课(45.2%),再次是师生互动活动(42.2%),然后是研究性学习(30.1%),最后是写论文(21.4%)。这为教师组织课堂实践教学活动提供了可以借鉴的依据。

教师要用好案例教学,选用中外最新案例,深入浅出,阐述知识点,培养学生分析问题和解决问题的能力。通过让学生自己讲课,锻炼学生的语言表达能力、团队意识和合作精神。加强师生课堂互动，提升学生的学习兴趣，激发学生的求知欲，有的放矢地掌控课堂理论知识的讲解进度和实践教学效果。通过论文、讨论、自学等形式，培养学生研究性学习的良好学风，培养学生的科研能力，培养学生终身学习的良好素质。

②教师提供实践机会的情况

在问卷"实践教学主要使学生在哪些方面受益"的调查中，学生可以复选，结果"社会经验增加""实战能力提高""素质提升""经济收入增加""轻松学习"所占的比例分别是51.7%、47.6%、28.9%、6.1%、4.6%。说明实践教学使学生的最大受益是"社会经验增加"；同时"实战能力提高"效果明显；"素质提升"达到了实践教学的目的；"经济收入增加"和"轻松学习"也是学生参加实践教学活动的收获。

教师应努力为学生提供更多的实践机会，使学生综合能力的培养在实践中收到事半功倍之效果；通过实践教学活动适应市场对人才的需求，提高学生的就业竞争力；实现对学生的培养目标，达到对学生的培养要求。

③校内仿真实训活动开展情况

在问卷"校内实验室模拟活动"调查中，44.3%的大学生认为"较少(小于5次大于等于2次)或者没有(1次以下)"；37.2%的大学生认为"需要就有、不多不少(小于10次大于等于5次)"。其原因可能是学校实验室资源有限，不能满足所有学生实验室实践的需要；或者学校现有资源还没有得到合理的利用。这说明教师在课内组织的实践教学活动较少，课程偏重理论教学，缺乏灵活性和操作性，与实际结合不密切，未能充分利用校内实验室模拟实践活动，不注重培养学生的动手操作能力。从降低实践教学成本看，没有或者较少组织学生参加社会实践活动的教师应积极使用实验室资源，开展各种模拟活动和实验、实践活动，培养学生的动手操作能力。

④教师实践能力和专业水平有待于提高

在对学生的问卷调查中，学生感觉和评价教师的实践能力分为两类：一是实践教学能力"强或者很强"，占50.7%；教师实践能力"一般"的占47.3%，说明多数学校开始重视商科专业教师实践能力的考核，教师也开始重视实践能力的提高。极少数高校的教师(2.0%)实践教学能力很差，亟待提高。实现的途径，其一是学校制定政策选送、选派教师去有关企业和单位挂职，既锻炼教师，又服务于社会；其二是通过制定政策，鼓励引导教师主动参加实践教学活动，比如减免一定的工作量、评选实践教学先进个人、制定合理的实践教学考核体系和标准，并且将以上内容纳入评职称、晋级、晋升等项工作中，使教师有参加实践教学的积极性、主动性和创造性，使学生直接受益，使社会受惠；其三是制定科学的考核实践教学效果的办法，使学生、主管领导、同行、专家一起参与教师实践教学能力和效果的考核，发挥考核的激励作用。

结合目前对相关问题的研究，除以上所谈，来自教师的问题还包括教师的时间和精力投入、个人社会兼职、是否有良好的教风和职业道德等都会影响应用型本科商科专业实践教学体系的构建，这些将在后续章节中详细论述。

(3) 学生因素

①学生参加实践教学的兴趣

问卷调查显示，74.5%的学生对实践教学兴趣“大或较大”，说明大多数学生要求实践教学的积极性很高、兴趣很大，学生已经在观念意识上关注实践教学。但 84.3%被调查者认为学校社会实践活动开展的“一般或很少”(每学期校内外实践教学活动少于 10 次)，希望有更多的机会参加实践教学活动，希望学校和教师能够提供更多的专业性较强的实践教学活动，希望有机会接触实际问题、分析实际问题、解决实际问题，培养学生社会所需要的基本能力，提高就业竞争力。

学校应该科学论证，合理确定实践教学的课时比例，并且保证经费落实、设备落实、时间落实、内容落实；通过专业课程课内实践活动和实验室实践活动，弥补学生动手机会少的不足；对学生开放实验室，加强实验室设备管理和维护，提高实验室的利用率，整合校内资源，提高实践、实训、实验效率。

②学生对实践教学活动重要性的认识程度

问卷调查显示，80.2%的学生认为实践教学“重要”或者“较重要”，说明学生已经在思想意识上关注实践教学，对实践教学的需求性在提高。

③学生分散实习比例较高

在“实践教学经费来源”的调查中，来自学校的占 75.1%，“学生自筹和没有经费”的高达 14.2%。说明实习和实践经费多数由学校筹措，实践经费来源单一，且不充裕；另外，自筹比例过高不利于调动学生实践的积极性，并加重了学生和家庭负担。在高校目前的实践和实习活动中，多数学校实行集中和分散实习相结合，分散实习是有学生自己寻找实习单位，没有经费支持，成为流于形式的实习和实践。从调查结果可以看出，学生分散实习比重较高。有限的实习和实践经费不能惠及多数学生,成为制约学生参加实践教学的主要因素。多数学生参加的实践教学活动以校内实验室、实训室的活动为主,而且远远不能满足学生的求知需要,更谈不上提高实践能力。

由于受调查问卷中所涉及项目数量的制约,还有一些没有提及的因素也影响实践教学体系构建,如实践教学成绩考核、学生独立完成模拟实验和毕业论文(设计)、良好的学风和兴趣、自主参加社会实践活动等,这些也将在后续章节中详细论述。

五、本章小结

本章首先回顾了国外实践教学思想的演化和国内应用型本科实践教学体系建设的历程;通过实地调查法,对 9 所应用型本科院校商科专业的二级学院领导、专业负责人、教师、学生进行了深度访谈和问卷调查,据此分析了应用型本科院校商科专业实践教学体系建设现状及存在原因分析;通过进一步调研,分析影响应用型本科院校商科专业实践教学的因素,对当前高校实践教学存在的主要问题进行定位和细化,为问题的解决提供科学依据。通过对调查因素的相关分析和因子分析,得到学校、教师、学生是影响高应用型本科商科专业实践教学的三个主要因子。

此外,还结合目前高校研究的成果,使用定性分析的方法,归纳高校实践教学存在的问题,比如实践教学的经费投入不足、实践教学内容单调、时间安排不合理、缺乏评价指标体系、实践教学学分和课时比重待于调整、教学计划有待于完善;校办学定位、课程体系和专业课程板块建设、师资管理、组织机构的建立健全、实验室设备及管理制度、实习基地建设的鼓励政策、实践教学成果的考核等方面不完善;教师未能充分利用课内组织实践教学活动、未能提供更多的实践机会、未能充分利用校内实验室模拟实践活动、实践能力和专业水平有待于提高;教师的精力投入、个人社会兼职、教风和职业道德影响等方面有待提升;流于形式的实践源于所需实践教学经费瓶颈未能突破、达不到效果的实践源于实践教学安排次数太少、实践教学未被学校重视;实践教学成绩考核体系、独立完成模拟实验和毕业论文(设计)、良好的学风和兴趣等有待形成。解决应用型本科商科专业实践教学中存在的来自问题,需要构建科学和完善的实践教学体系,发挥系统的整体性、目的性、有效性和科学性功能,最终提升学生的就业竞争力、提高学生的满意度、提高教学质量。

第四章

应用型本科实践教学体系构建的经验借鉴

本章介绍了德国(FH)的“企业主导型”实践教学体系、芬兰多科技术学院实践教学体系、加拿大的“能力本位型”、英国的“资格证书推动型”和香港的“工业训练中心型”等代表性的高校实践教学体系构建以及山东经济学院、浙江大学城市学院等国内应用型高校实践教学体系的构建经验与借鉴。

一、典型高校实践教学体系建设经验借鉴

目前世界上比较典型的实践教学模式主要有德国 FH 的“企业主导型”实践教学体系、芬兰多科技术学院实践教学体系、加拿大的“能力本位型”、英国的“资格证书推动型”和香港的“工业训练中心型”等为代表的实践教学体系。这些实践教学体系在某种程度上反映了不同国家和地区的文化差异，研究和讨论这些各具形态的实践教学体系，将有助于为构建我国新建应用型本科院校的实践教学体系提供重要借鉴与启迪。

（一）德国 FH“企业主导型”实践教学体系

1. 实践模式：双元制

德国的职业教育因卓有成效的“双元制”培训模式而闻名，其发展在全球处于领先地位。应用技术大学既是德国高等教育体系的重要组成部分，同时也是德国职业教育体系的高级阶段。因此，“双元制”培训模式在德国应用技术大学教学中的地位举足轻重。“双元制”整体上指的是一种校企合作的培训模式，即由企业和学校共同担负人才培养的任务。学生一方面在学校接受专业理论知识培养，另一方面在企业接受实践技能培训。这是一种按照企业对于人才的要求来组织教学和培训的教育形式，保障了教育的实践性。

表 4－1　德国 FH 双元制实践模式的特点

双元形式	特　　点
学习主体	受训者在企业实际的生产岗位的“学徒”身份及在学校“学生”身份
教学场所	学校教学场所和企业实训场所
经费来源	国家和企业共同出资
教学内容	专业理论教学和实际技能培训
师资队伍	企业实践技能培训师资和学校理论教学师资
管理机构	各州教育部和行业协会
考核证书	学历证书和职业资质证书
保障体系	联邦与州政府两级法律督导

2. 师资队伍:实践型

德国应用技术大学对于教师的要求很高,有着严格的准入条件,其师资构成主要有三类:教授、兼职教师和实验室工程师。此外还有一部分助教,主要承担辅助教学或科研的工作。德国应用技术大学的教授一般都拥有博士学位,在学科理论知识和科研能力上都很出色。德国《高等教育总法》中规定:应用技术大学的教授必须具备四个聘任条件:

(1) 高等学校毕业;

(2) 具有教学才能,通常由教学或培训中所获得的经验来证明;

(3) 具有从事科学工作的能力,通常由获得博士学位来证明;

(4) 至少从事过为期 5 年的职业实践,其中至少 3 年是在学校范围外完成的,并在有关应用或开发科学知识和方法上取得成就。①

从以上条件可以看出,应用技术大学的教授是一群既有扎实的学术基础,又具备丰富实践经验的高素质人才。事实上,在教授的实际招聘中,德国应用技术大学除了要求应聘者有 5 年以上企业工作经历,一般还要求这 5 年中至少要有两年以上担任部门经理及以上职位的经历,具备与企业界联系的能力已成为大多数应用技术大学招聘教授的标准之一。另外,随着德国高等教育体系的逐步发展,具有教育学理论及教学法等专业知识,具备运用现代化教学媒体和方法的能力也成为应用技术大学教授的应聘条件。② 在任教期间,应用技术大学教授每 4 年还享受一次为期半年的"学术休假",到校外的对口单位从事实际工作或实用研究,了解实际工作中的最新问题和动态,更新和扩充知识。德国应用技术大学的兼职教师绝大多数从企业而来,常年为大学教授某一门或多门课程。他们不但具有较高的学历、工程师或师傅(职称证书),还能把生产实践中最新的发展趋势加入到教学内容当中展现给学生。此外,他们还可以成为企业和学校之间联系的纽带,协助解决学生实习与论文、企业生产及毕业生就业等方面棘手的问题。据统计,在德国的应用技术大学里有四分之一的课程是由这些兼职教师完成的。

众所周知,德国应用技术大学的教学注重实践性,实验课程在教学实践中占据很大比重,实验室自然是重要的教学场所。并且,德国应用技术大学的实

---

① 董大奎,刘钢.德国应用科技大学办学模式及其启示[J].教育发展研究,2007(21):41-44.

② 王建初,刘铭东.德国高等职业技术教育的师资队伍建设[J].比较教育研究,2005(9):59-63.

验室通常设备精良，价值不菲，每年的维护费用巨大。因此，实验室工程师就成为应用技术大学师资的重要组成部分。他们是学生实验课的主讲老师，几乎清一色毕业于相关专业并取得了工程师资格，同时具备相关的工作经历。除了教授实验课，实验室的日常维护和保养也由他们负责。通过以上介绍可以看出，对于以培养应用型人才为主的应用技术大学来说，教师的实践能力至关重要。正是由于这种严格的教师资格准入，才造就了一支高水平的师资队伍，保障了德国应用技术大学教育的高质量。

3. 科学研究：应用化

德国应用技术大学办学模式的实践性导向除了体现在教学上，还表现在科学研究突出应用性上，即如何把已有的知识转化成现实的生产力。如"机器人"不是研究如何制造机器人，而是研究如何运用机器人来分拣物品和生产原料，承担生产线上的工作；模糊控制不是研究模糊控制理论、原理的新发展，而是研究如何用模糊控制基本原理实现重物的平衡移动和定位等。① 事实上，在应用技术大学刚刚创建时，教学是其最主要的任务，科研工作在相当长的一个时期内无人重视。但是，伴随应用技术大学发展的是不断上升的通过科研和开发将知识转化为生产力的需求。因此，德国联邦政府和各州政府逐渐从立法立项的角度给应用技术大学的应用型科研开发活动提供了更大的空间和相应的经费资助。例如，联邦教研部加强了对应用技术大学研发的资助，于 2005 年通过了"与企业结合的应用技术大学研究计划"，共资助了 1 050 万欧元，2006 年达 1 500 万欧元，到 2008 年达到了 3 000 万欧元。除此之外，由企业及公共基金会所提供的"第三类资助"(Drittmittel)也是德国应用技术大学科研经费的主要来源之一。这类资助是企业或公共基金会付给大学资助其开展某项具体科研项目的资金。大企业往往是"第三类资助"的主要提供者，如德国大众基金会自 1961 年成立以来已经累计为 29 000 个大大小小的科研项目资助了 35 亿欧元的资金(截至 2008 年)。如今，获得"第三类资助"的多少已经成为衡量应用技术大学科研能力的一个重要标准。

而应用技术大学自身为促进应用型科研开发及技术转让，也纷纷成立了自己的技术转让中心。以萨克森州为例，8 所公立应用技术大学中有 7 所均设有

① 张有龙，赵爱荣. 德国应用科技大学办学特色分析及借鉴——兼论我国应用型人才的培养[J]. 高等职业教育，2007(1)：93－95.

技术转让中心。这种技术转让中心类似于我国的科技孵化基地,由政府投资建造,学校的教授和毕业生有创业项目时可以十分优惠的租金申请获得办公和生产场地,企业一旦获得盈利,就必须离开孵化基地,也可以将科研成果在知识产权市场拍卖变现。总之,应用技术大学积极从事科研活动,尤其是与那些想要独立开发研究高科技项目,但是在人力和物力上都存在相当困难的中小型企业紧密合作,采用委托研究或技术转让的形式,这既能解决社会实际问题,同时也是应用型、实践型教学的需要。现在,应用型科研已成为应用技术大学非常重要的工作任务之一。

4. 发展趋势:国际化

德国应用技术大学创建的初衷是为了满足国家地区经济的发展需求,因而其地方性、区域性特征非常明显。受到这种历史客观条件的限制,最初应用技术大学的国际化基础与资源明显滞后于综合大学。但是,信息技术的发展使得经济全球化、科技全球化成为大势所趋,世界各国在经济、科学、教育等各个方面的相互依赖关系日益加深,世界已经成为一个休戚相关的共同体。高等教育作为人才培养的重要基地,自然成为国际合作的重要领域之一。在这种形势下,应用技术大学努力适应德国企业的跨国发展与劳动力市场对具备国际视野的高素质人才的强烈需求,积极致力于国际化发展。德国应用技术大学国通过设立国际部(处),专门负责学校的国际合作与交流,主要形式有:

第一,与全球高校建立校际合作关系。比如,纽伦堡应用技术大学就与上百个国外高校有合作关系。合作形式包括:互派学生到国外合作高校学习,互派教师到国外合作高校任教,与国外合作高校联合进行科学研究,联合举办学术会议及与国外合作高校进行联合培养等。再如,柏林经济应用技术大学与16个国家30多所高校建立了合作关系,提供国际认可的“工商管理硕士”(MBA)学位课程。国内学生既可以通过学校联系有校际合作关系的学校出国学习,也可以自行联系学校(但必须是德国教育主管部门承认的国外大学),这样其在国外大学修读的课程和学分可得到承认,获得两校认可的学位。此外,学生也可赴国外合作高校学习几个学期,在合作高校完成实践学习或做毕业论文等;而教师则可以到国外合作高校短期讲学,也可以是长期派出教学,还可以和国外合作高校的某些课程教师共同完成该课程的教学。

第二,扩大招收外国留学生的比例。这样一方面有助于校内的国际交流,另一方面由于学生来自世界各地，毕业后回到不同国家和地区，也就大大扩散了德国应用技术大学的影响力。

第三，教学国际化或为外国学生开设专门的面向国外的专业。许多应用技术大学除了用德语和英语轮流授课外，还大量开设用英语作为教学语言的课程，为留学生在德国的学习提供便利。

第四，联系、安排德国学生到国外公司、企业或管理机构实习。

第五，举办国际性的冬令营、夏令营等。

通过这些方式方法，德国应用技术大学加强了国际合作和交流，在促进学生的国际流动性、培养国际型人才的同时也大大提高了学校的国际竞争力。

5. 保障体系：全面化

（1）法律保障

德国注重教育立法，并强调依法治教。教育的组织、实施、管理和监督都有强有力的法律政策提供依据和保障。在多年的教育实践过程中，德国逐步形成了一套较为完备的法律保障体系。应用技术大学既是德国高等教育的重要组成部分，又是职业教育的高级阶段。因此，虽然德国并没有专门的高等职业教育法出台，但是应用技术大学的发展在与高等教育相关的法律法规及与职业教育相关的法律法规中完全能够找到依据和保障。德国是地方分权制的国家，中央和地方之间实行分权，故而教育立法也是这样的模式：联邦议院立法，确定教育内容和培训职业。在联邦政府发布规定和措施后，各州根据本州实际情况对联邦政府的规定和措施颁布补充条例，教育管理主权在州。具体来说，与应用技术大学发展密切相关的法律法规大致有：联邦政府制定的《高等教育法》《职业教育法》《手工业条例》《实训教师资格条例》等；各州制定的《职业学院法》和《职业培训条例》等（见表 4－2）。

（2）资金保障

由于德国的高等职业教育是由多个部门协同参与管理的，因此其经费保障体系也呈现多元化，除了政府的经费支持外，还存在企业和个人等多方筹资的方式，形成了一个由公共财政和私营经济组成的多元混合经费体系。[①] 总结下来，其经费来源主要有以下五种形式：政府资助；企业直接资助；企业集资资助；

① 德国职业教育的经费模式[D/L]http://www.edu.cn/20010823/207942.shtml.

企业外资助和个人资助。① 具体见表 4-3。

表 4-2 与应用技术大学相关的法律法规

序号	法律法规	主要内容
1	高等教育法	1976 年和 1985 年通过的《高等教育法》进一步确认了应用技术大学在高等教育中的合法地位，明确规定它与其他高校是“不同类型，但地位相同”的高等学校，在法律上享受大学应有的各项权利
2	职业教育法	最初颁布于 1969 年，是历史上首次在联邦范围内确立了国家调控职业教育的法律地位，系统地阐明了职业教育培训的目的，对职业教育的内容、方法及教育期限做出了详细规定。② 2005 年 4 月 1 日，新《职业教育法》生效，进一步重申了职业教育的法律地位和基本结构，强调在为经济发展作出贡献的同时，更好地满足个体需求
3	手工业条例	是专门针对手工业的立法。因为在《职业教育法》中对手工业的职业培训未做出规定，故而针对手工业单独立法
4	实训教师资格条例	是依据《职业教育法》的规定制定的，经过联邦劳动和社会秩序部审核通过。该法对企业实训教师的资格和要求等做出了明确而详细的规定，其中针对不同行业进行了更为周密的描述
5	职业学院法	涵盖了高等职业教育院校运行要素的方方面面，由七个部分构成：①关于职业学院的概念和任务。②关于职业学院组织与机构的建立。③关于职业学院教师的规定。④关于职业学院学生的规定。⑤关于职业学院入学资格的规定。⑥关于职业学院学习、考试及毕业的规定。⑦关于职业学院个人数据的调查和使用

① 江红英. 中德高等职业教育比较研究[D]. 保定：河北大学硕士学位论文，2004：47-54.

② 孟华峰. 对德国职业教育的认识和思考[J]. 中国成人教育，2010(10)：128-129.

续表 4-2

序号	法律法规	主要内容
6	职业培训条例	适用于全德371种职业培训。它规定,企业的培训需按照《培训框架计划》进行,每一个接受培训的学生必须与培训企业签订《职业培训合同》,以法律形式将培训工作加以固定,实现了高等职业教育真正的规范化、制度化和法制化①
7	青少年劳动保护法	于1960年制定,又在1976年进行过修订,从法律上保障了青少年享有接受职业培训的权利和完成法律规定的职业教育的义务
8	企业基本法	1972年通过的《企业基本法》,主要涉及企业的职业教育和学徒培训,规范了企业进行职业教育的相关事项,明确规定行业协会在企业职业教育中的权利和义务

表 4-3 经费来源形式及特点

形式	来源	特点
政府资助	利用财政收入向各应用技术大学提供财政资助的形式。其主要来源有联邦教育与研究部,联邦经济和技术部,联邦劳动局,联邦就业、商业、教育与文化各部委,州政府、地方政府	州政府主要负责学校内部事务的成本,如建立课程计划、教职工的工资和养老金等人事费用,而地方政府主要负责外部事务的资金,如建造、维修学校大楼、教学与学习资源的采购及管理人员的工资及养老金等
企业直接资助	单个企业在法律规定的范围内,直接出资建立自己的职业培训中心,购置培训仪器设备并承担实训教师的工资和学徒的培训津贴,其资助的行业、培训学生的数量及金额等都由企业自行决定	大中型企业培养高级应用型人才后备力量,如大众汽车公司等,这种资助形式是“双元制”职业培训经费的主要来源

① 杨洁.德国高等职业教育发达原因探析[J].山东商业职业技术学院学报,2010(6):32-34.

续表 4-3

形式	来源	特点
企业集资资助	所有同一行业的企业根据本行业的特点集资兴办该行业共同需要的企业外培训中心的资助形式	这种资助通常以各种基金会的形式存在：中央基金是由国家设立的，依据相关法律定期向国营和私营企业筹措经费的形式，根据所在地区经济发展水平、行业、培训年限和规模的不同，企业申请获得的资助也会不同，一般企业可以获得其培训费的 50%～80%的补助，所培训的职业具有很好的发展前景，企业就可获得 100%的资助①；劳资双方基金主要来源是实行劳资协定的企业，这些企业定期向基金会缴纳一定数额的资金用于建立共同需要的企业外培中心及支付相关培训费用；特殊基金包括行业基金、区域基金、行业协会基金
企业外资助	国家对企业提供税收优惠政策而构成的间接资助形式	在企业直接资助和企业集资资助的基础上，企业本应用于培训或交纳给基金会的资金在某种情况下可从上缴给国家的税款中按一定比例扣除
个人资助	为了能够获得个人能力和职位的提升而选择自己支付高等职业教育培训费用的形式	主要出现在非学历职业继续教育中，在学历教育中，个人资助的情况很少

（3）质量保障

“质量保障、质量提高、质量系统和质量管理是包括教育系统在内的所有重要领域”②，这说明一个完善的质量保障体系是教育获得成功的关键所在。全面的质量考核与评价系统保证了德国应用技术大学教育的高质量。

第一，德国政府成立了常设化机构——教育质量考核委员会，其成员包括：接受过专业质量管理培训的教育专家、教育行政管理人员和企业人员，主要负

---

① 张德祥，崔景懿，徐涵，等. 德国高等职业教育的培养模式[J]. 辽宁高职学报，2001，3(6)：1-3.

② 张继明. 德国高等职业教育质量保障体系研究[J]. 石油教育，2006(5)：75-78.

责研究制定教育教学质量评估体系，对学校的教学计划、课程设置、教学过程及教学效果等各个方面定期进行质量评估。

第二，强调行业协会监督。德国共有480个地方级行业协会，每个行业协会都有一个职业教育委员会，依法享有对职业培训的组织、实施等各个环节的监督权。其具体职能包括：一是对企业的培训资格进行认定，比如企业是否具备法定要求的培训场所与设备、培训人员是否具备相关专业的文凭及职业教育与劳动学知识等；二是派遣培训顾问对企业的培训质量进行严格监控，对质量不佳的企业给予相应的惩罚，接受企业和学生的现场咨询，及时向相关教育部门反馈培训中出现的问题，并进行相应的调整等。①

第三，强调以实践为主的考评。根据《职业教育法》的规定，学生需要通过两次国家考试才能毕业：一是以笔试为主的中期考试；二是笔试、口试和实践操作都包含在内的毕业考试。两次考试成绩的评定都遵循企业给出成绩为主、学校给出成绩为辅，实践操作成绩为主、笔试成绩为辅的原则。

5. 启示

启示一：人才培养目标明确。按照1968年组建FH时的协定："FH对学生进行的是建立在传统理论知识基础之上的教育，最后让学生通过国家规定的毕业考试，具备独立的职业活动的能力。"可见，该校所培养出的学生不一定要求掌握高深的理论知识，但通过对基础理论知识的学习和充分的职业训练，要让其成为在某一个领域中拥有独立从事职业活动能力的人才。

启示二：企业在实践教学中有重要地位。实践教学经费主要来自企业，企业主导整个实践教学过程。在入学前FH的新生有大约6个月的企业内预实习，积累实践的经验、感性认识，为后续的理论学习打下基础。在进入FH主体学习阶段后，学校会安排完整的2个学期在与毕业后所从事的职业相关联的企业或管理部门进行实习。

启示三：强调教学内容的实践性。学生所接触的理论课的内容大多是企业实际案例，强调实践性和实用性。校内的实训课也大多采用跨学科式，以多种学科的方法来解决"以企业问题为导向"的问题。在专业课教学过程中，聘请的来自企业的兼职教师更常采用"项目教学法"。

---

① 邵永红，傅潇堇．高职校企合作存在的问题与对策[J]．科教文汇，2006(6)：9-10．

启示四:政府的主导作用。政府通过各种学校和学校企业相关的法律来规定企业、学校和个人在共同执行实践教与学方面的具体责任和义务,让产学之间的相互合作制度化,为 FH 实践教育模式的顺利开展提供保障。

(二) 芬兰多科技术学院实践教学体系

1. 办学背景

在 1981 年,OECD 在对芬兰教育政策的考查报告中就建议建立有别于“大学”的多科技术学院,但直到 20 世纪 80 年代末芬兰政府才意识到相关改革的紧迫性。20 世纪 90 年代,芬兰进行了大规模的高等教育改革,其中一项重要内容就是在单一的传统大学机构外增设多科技术学院,并注重加强高等教育机构与行业市场的关系。

1991 年芬兰《中等和高等职业教育法》颁布以后,20 多所实验性多科技术学院建立起来。1995 年,芬兰议会通过立法确立了多科技术学院体系的法律地位。此后每年均有部分多科技术学院获得永久性地位,到 2000 年所有提交申请的多科技术学院都获批为永久性正式机构。2003 年,芬兰议会通过了修订后的《多科技术学院法》,双轨并行的高等教育体系最终确立。至此,芬兰共建立了 29 所永久性多科技术学院,分布在芬兰 25 个城市,主要涉及职业应用性导向的教学活动,承担了芬兰高等教育入学人数的五分之三培养任务,同时致力于发展面向地方的应用型科学研究。

2. 办学定位

芬兰多科技术学院的高等教育体系很大程度上借鉴了德国的双轨模式,同时还受到荷兰高等专业教育(HBO)改革中院校合并方式的影响以及挪威发展区域性高等教育机构部分主张的影响。[①] 芬兰高等教育体系中,大学和多科技术学院是两个并行而且相对独立的体系。大学包括学制三年的学士学位、再修习两年的硕士学位以及继续攻读的准博士文凭及博士学位。大学的主要任务是培养偏重理论的高级专门人才以及发展学术性科研。多科技术学院设有学制 3.5 年至 4 年的学士学位,部分院校还可授予硕士学位,其主要目标是培养

---

① J. Valimaa. Recent Changes in the Finnish Higher Education Policy[Z] (unpublished report). in: John Davies, Thomas Weko, Lillemor Kim, and Erik Thulstrup. Thematic Review of Tertiary Education: Finland[R]. OECD, 2006.

各类应用型专业技术人才，使青年人和成年人掌握应对现实与未来需求的必要知识和技能，服务于地方经济发展的实际需要。多科技术学院极大扩充了芬兰高等教育的入学机会，其办学定位满足了社会对高等教育人才的多样化需求，打破了芬兰传统观念中以理论为主的高等教育发展模式，拓展了以职业发展为基础的高层次应用型本科人才培养的新思路。

3. 实践教学体系特色

（1）专业与课程设置面向行业需求

多科技术学院的专业设置不同于以学科理论架构为基准的传统大学，其专业设置充分考虑区域社会经济发展的现实需求。多科技术学院的热门专业集中在商业管理、技术通讯、卫生和社会服务等市场需求旺盛的行业领域。比如媒体、设计、信息技术、紧急救护、社会福利等。

课程的设计与具体组织实施由各个学院自主进行，以便更加灵活地适应各个行业对高层次技能的需求。多科技术学院各专业会利用调查问卷、咨询委员会、校友会、教师与企业界的合作关系等多种渠道收集信息，并邀请企业代表参与学生事务管理，以充分掌握翔实可靠的行业需求信息。在此基础上，根据自身实际制订符合现实需要的学位课程计划，在课程内容的选择和安排设计上，尽量贴近所在区域的行业需求。

（2）教学目标以满足学生职业生涯需求为基础

多科技术学院本科培养内容包括核心课程、专业课程和选修课程的学习、工作实习及毕业设计等，共计 210～240 个欧洲学分。学院会为每个学生制定“个人学习规划”，学生有很多参与教学活动的机会，学校积极采取措施增强学生职业生涯规划的科学性。除了理论教学外，所有学生必须强制性修得实习学分 20～40 个。政府会帮助多科技术学院安排实习岗位，甚至在国外进行实践培训。实习期间，学生要熟悉实际工作的真实场景与任务技能，学生的毕业设计可以由工商界委托，深入地学习行业关注的某项问题，并与公司项目直接相关。

（3）高度重视师资队伍建设

多科技术学院是由原有的职业学校或中学后职业学院合并而成的，最初的教师也是来源于这些学校。为了尽快使师资能满足新型本科院校的教育需求，芬兰教育部采取了措施建设师资队伍：一是提升原有师资的业务水平。芬兰教育部通过为期五年的特殊过渡期以帮助他们掌握新的知识技能，并为其提供各种培训。二是引入行业专家。2000 年之前，教育部引进了 130 名校外讲师，这些讲师来自于各种岗位的行业专家。这些具有行业经验的实践人才的加入，既保证了学生可以获得最新的行业知识与技能，又加强了多科技术学院与工商界的联系。三是鼓励教师参加国际交流。芬兰鼓励并出台政策保障多科技术学院教师进行国际交流，每年多科技术学院都会组织“教师交换”项目，提供更多的国际交流机会，开拓教师的国际视野。

（4）应用型科研服务地方经济发展

芬兰政府明确指出：“多科技术学院应加强其与职业生活的联系，提高其行业发展的能力，特别要考虑中小企业及区域发展的需要。多科技术学院要促进研究发展工作与职业生活的合作关系。”多科技术学院的重要任务之一就是积极参与地方行业发展并创造与之相关的新知识。2001 年，芬兰政府首次为多科技术学院投入 500 万欧元用于应用型研发的基础建设，此后还不断追加资金扶助其科研发展。如今，越来越多的研发资源被用于区域发展中小企业竞争力提升及福利事业的改善。多科技术学院通过高素质应用型人才培养和应用型科学研究的推动，积极参与区域经济发展，很多学院引进并开展了多项应用型区域发展项目，实施效果良好。

（5）全方位开展校企合作

多科技术学院非常重视通过校企合作将行业发展、区域发展的研发项目与教学活动联系起来。力求使合作项目中产生的新知识、新技能为教学所用。芬兰多科技术学院与企业界的具体合作涉及方方面面，较为简单的有实习场所的选择、毕业设计的选题、教学反馈等，也有较深层次的国际合作、以项目为基础的毕业设计、员工及教师的相互培训、系统性商业服务、小型的研发合作项目，还有更加深入的资源与设备共享、大中型的订单式或合作式项目、长期的研发合作等等。这种合作关系可以更好地拓展教师的工作范围，并加强其与行业实践的联系。①

① 谭敏．芬兰多科技术学院与应用型本科人才培养研究[J]．大学，2011(2)：75－79．

4. 启示

启示一：培养高素质应用型人才，必须强化实践教学环节。实践教学是培养学生创新思维和增强职业技能的重要环节，学生在实践过程中会逐步养成以研究的眼光去观察事物的习惯，他们的创新意识和创新思维也会实践过程中逐渐形成。法国诺贝尔奖获得者贝尔纳曾说："创造力是没法教的，必须在实践中让学生动手，有机会把自己的创新思想付诸实施。"因而实践教学应当成为应用型大学培养创新人才的重要途径。芬兰多科技术学院在专业与课程设置、教学过程与教学内容等方面都非常重视实践教学，把贴近职业生活作为学院安排教学活动的核心内容。因此，在应用型高校教学改革中，应当彻底改变过去那种偏重理论知识传授、忽视实践教学环节的倾向，深刻认识实践在应用型大学人才培养中的特殊作用，在教学计划中突出实践性教学环节的重要地位，以强化实践教学来构建应用型创新人才培养的扎实基础。

启示二：强化实践教学必须建设一支高水平的实践教师队伍。芬兰教育部为多科技术学院教师提供了各种培训项目，并引进了各岗位的行业专家，他们有着丰富的行业实践经验和指导能力。因此，应用型高校应当积极鼓励、支持和引导高水平教师参加实践教学工作，并制定相应政策，对在实践教学工作中取得成绩的教师实施奖励；也可从行业企业或研究院所聘请有行业实践经验的人员到校任教或兼职，以充实实践教学队伍，促进教学、科研、生产相结合。

启示三：强化实践教学，必须高度重视学生毕业设计。芬兰多科技术学院要求学生的毕业设计必须在工厂企业进行，毕业设计题目也都是工厂企业的实际课题。学生从拟订方案到成本估算、设计、制作、检验等各个环节都要亲自设计，以充分发挥学生的主动性和创造性。应用型大学应当借鉴这种做法，加强与工厂、企业、科研部门的联系，建立稳定的产学研相结合的实践教学基地，让学生到工厂企业自选课题，完成毕业设计，培养他们的创造能力和综合能力。

启示四：强化实践教学，必须高度重视实践教学管理。芬兰多科技术学院对于实践学分有强制性的修学要求，并且芬兰教育部对多科技术学院评估中也非常重视实践项目。由此可见：首先，应用型本科要高度重视实践教学学分、学时的管理。比如部分高校尝试的"三学期制"，即一个学期专门用于实践教学的做法就很值得推广，这不仅可以解决理论与实践在教学上的冲突，也使实践教学的时间更为集中，效果更加明显。其次，要建立和完善必要的实践教学评估机制和激励机制。建立合理的实践教学评估机制，就是将实践教学与理论教学同等对待，进一步细化实践教学评估指标，全面、真实、合理地评估实践教学成效；良好的激励机制，可促使教师创造性地开展实践教学工作，促使学生的个性、特长、潜能在实践教学中得以充分发挥。

（三）其他典型实践教学体系

加拿大的"能力本位型"、英国的"资格推动型"和香港的"工业训练中心型"也是当前世界高等教育界具有代表性的实践教学体系。这些实践教学体系在某种程度上反映了不同国家和地区的文化差异，研究和讨论这些各具形态的实践教学模式，将有助于为构建应用型本科院校的实践教学体系提供重要借鉴与启迪。这些模式的特点及实施过程如表 4-4 所示。

表 4-4　其他典型实践教学模式比较

实践教学模式	内涵	实施过程及特点
加拿大的"能力本位型"（CBE）	以能力为本位，以胜任岗位要求为出发点，围绕学生将来所从事职业需要的知识、技能来设置所学习的课程，制订课程计划、实施教学管理，决定采用的教学方法、步骤、内容和考核方式，进而保证学生具备该职业的实践能力，将理论与实践结合在一起	CBE 实践教学模式可以分为四个阶段，即依次是职业分析形成的 DACUM 图表、学习包的开发、实践教学的实施和管理、实践教学的评价。其核心是职业分析所形成的 DACUM 图表。按照 DACUM 的方式来安排实践教学一般按照以下顺序来进行：（1）确定 DACUM 研究委员会的成员；（2）编制和采用 DACUM 表；（3）进行工作任务描述；（4）教育专家根据 DACUM 表来编制教学单元；（5）确定出有效的教学方法和评价模式

续表 4-4

实践教学模式	内涵	实施过程及特点
英国的“资格推动型”	实践教学体系依托职业资格证书而开展。英国建立了以 NVQ 和 GNVQ 为代表的职业资格证书体系。NVQ 是指国家职业资格证书，该证书按照国家相关部门制定的职业技能担任某一职位所需具备的资格标准，通过国家专门考核机构，对申请者的职业能力进行科学规范衡量和鉴定，对通过鉴定者颁发在国内通用的职业资格证书。GNVQ 是指国家通用职业资格证书。英国的各种证书之间还建立了一定的互换关系	英国依托资格证书而形成的实践教学模式具备以下的特点：一是以能力为基础。国家职业资格证书是一种对胜任某类工种的能力的资格认定，一般由主要职能、能力单元和实践操作上的规范等构成。二是强调在做中学。高校在开展实践教学环节时也必须要满足这一要求。三是建立了以实际工作的效果来衡量学生成绩的考核制度。该考核制度是一个收集证据并判断证据是否符合操作标准的过程，考核标准严格依照国家职业资格的相关规章进行设置
香港的“工业训练中心型”	该中心的开办主要是为大学生的工业实践创造一个接近真实工作环境的模拟工厂。该工业环境在设备的配置和布置，管理方式的运作都确保模拟典型产品的生产环境；在执行实践操作技术标准方面也很严格；在执行安全法规等方面基本接近了现实生活中的工厂环境。该中心根据不同院系的不同需要以及当时的科学发展的状态，认真地编写一套实践训练课程，每个课程都会有对应的一个编号，同时会附带一个介绍课程训练内容周数的大纲	教学过程分为两个阶段：第一阶段是基本训练。该阶段主要是让学生学习基础技术，感受各种工业的基本操作，学会正确使用和爱护机器设备、制作工作程序等，在接近尾声的时候完成指导老师布置的一项工业任务。 第二阶段是专题培训。在这个阶段学生自由进行组合，自由选择一个专题去合作完成。小组成员模拟公司的组成，每个人拥有不同的角色。在合作完成专题任务后，小组成员各自完成一篇专题报告

以上三种实践教学方式对我国应用型本科院校的实践教学体系的构建有以下借鉴：

第一，加强对实践教学的认识，优化实践教学体系。以上三个国家或者地区的学校都很重视实践教学，实践课程的所占的比重较大。同时在实践教学的具体操作方面，学校也很重视实践环节的完整性、系统性。通常都会安排学生去实际生活中的工作场景去实践。这一过程就是把书本知识灵活运用到实践的关键所在。而我国大多数高校对实践教学的认识还不够深入，在应用型人才培养的实践方面，没有形成系统、完整的实践教学环节。并且很明显的一点是，以上地区和高校的实践教学环节一般是包括课堂实训、毕业设计、实验教学、项目教学等组成部分，其实践教学都与学生所学的专业有着直接联系。

第二，加强实践教育基地建设。以上国家和地区的实践基地基本可以保证和实际的工作环境相互一致。应用型本科应当明确其为社会服务的意识，加强实践基地建设，多进行与实际生活密切相关的实训项目，确保教学内容的时代性和应用性。

第三，建立科学的评价标准。英国资格证书体系推动型的实践教学模式一方面推动了英国职业资格认证制度，另外一方面对英国实践教学体系的构建提供了参考。加拿大的CBE制定了DACUM的课程体系，考核方式主要以学生是否掌握了能力作为评价标准，而不是以分数为评价标准。这些经验都值得我们借鉴，应用型本科院校实践教学体系在考核与评价方面，要设计一套既科学又具有可操作性的评价标准，比如在评价标准的设定上可以对实践教学内容提出一系列要求，从而保证实践教学的质量。

二、国内高校实践教学建设经验借鉴

（一）浙江大学城市学院经管专业实践教学体系的构建[①]

1. 构建经管专业实践教学体系的思路与举措

（1）加强顶层设计，科学制订实践教学计划。一是面向需求，充分论证。各专业在制订教学计划中，都经过了市场调研（含同行调研、用人单位需求调研）、方案制订、专家论证、定稿四个阶段，其中的专家论证环节，专家成员包含了省

---

① 徐萍平，范晓清，谷波权.应用型本科经管专业实践教学体系构建与实施[J].高等工程教育，2010(12)：1-4.

内其他高校的专家和教授、企业高层管理人员、企业职能部门人员、政府职能部门管理人员，全面听取意见，以确保实践环节的实施并达到预期的效果。二是加大实践教学学分比例。浙江大学城市学院商学院有工商管理、财务管理、旅游管理、国际经济与贸易、金融学、资产评估、信息管理与信息系统等7个专业。在制订2010—2013年的教学计划中，参照教高〔2007〕2号文件《关于进一步深化本科教学改革全面提高教学质量的若干意见》的规定，加大实践学分比例，各专业的实践教学学分均占到了总学分的20%以上，其中工商管理、旅游管理、信息管理与信息系统三个专业占到了25%以上。三是强调能力本位。各专业明确专业的基础素质要求、专业能力要求，将实践教学内容按能力层次划分为基本技能、专业技能和岗位技能三大模块；在完成专业能力分析后，再探究这些能力的形成应由哪些知识做支撑，按从简单到复杂、从基础到应用、从单项到综合的循序渐进的认识规律，将理论、能力训练有机组合在一起，保证计划的科学性。

(2) 整合资源，构建综合实践教学平台。实践教学体系平台的构建，包括校内实践体系平台和校外实践体系平台。一是建设经管教学实验中心。学校先后投入了600多万元资金，建设了经管教学实验中心，中心下设管理决策实验室、财务分析实验室、行为观察实验室、会计审计实验室、旅游与酒店管理实验室、经济模拟实验室等，较好地满足了课程实验教学要求。二是校外实践教育基地建设。校外实践由认识实习、专业(生产)实习、毕业实习、社会实践等环节组成，是实践教学不可或缺的组成部分。学院利用各种社会资源形成了一个稳定的、多种类型的实践教学基地群，为学生提供更广泛的实践机会。不仅如此，部分校外实践基地也是教师开展社会服务和研究的场所。三是促进第一第二课堂的有机融合。充分利用学科竞赛、学生社团、学生科研等平台，开设专业第二课堂，将第二课堂作为实践教学的重要组成部分。如学生社团中的人力资源管理协会、电子商务协会、ERP协会、旅游协会、管理协会、经济协会、市场营销协会、投资协会、证券协会、创业人才孵化班等与专业实践充分融合。如在第一课堂开展“企业经营模拟”课程的基础上，由ERP协会组织“企业沙盘模拟”比赛；开设“电子商务课程”后，由电子商务协会组织“电子商务”大赛。由创业人才孵化班开展的校内创业项目全真模拟，不仅培养学生创新创业能力，而且学生可以获得二课堂学分与奖励，激发了学生主动参与实践教学的积极性，使实践教学效果大大提高。

2. 实践教学体系的构建内容

实践教学体系的构建，是一项系统工程，包括实践教学目标体系、内容体系、支撑保障体系和评价管理体系四个部分，各部分之间相互支持，共同服务于人才培养目标的实现。

(1) 实践教学目标体系构建。在构建实践教学目标体系时要着眼于学生就业岗位和发展需要。一是理解专业知识目标。通过实践教学形成对所学课程、专业内容的初步认知，加深对专业理论的理解，促进理论联系实际；使学生明确在企业进行生产、建设、管理、服务第一线实践的目的、意义，初步确立未来岗位应用和为第一线服务的意识。二是创新能力目标。实践教学是将理论知识运用在具体实践中的一种教学，其目标是培养学生具有勇于创业的思想，学习利用专业知识和技术进行创业、就业，以此获得真实工作环境中所需要的各种技能和本领；并培养学生掌握创造性思维方法，激发学生的创新意识和创新能力。三是综合应用能力目标。通过实践教学使学生掌握综合运用相关专业知识和专业技能，有效解决实际问题；能够承受现代社会科学进步和技术竞争的压力，对专业技术发展具有较强的学习能力；养成严谨的工作作风，掌握科学的工作方法和探索新知识、新技术的方法。

(2) 实践教学内容体系构建。根据实践教学内容及其培养任务的特点，按照从简单到复杂、从基础到应用、从单项到综合的循序渐进的认识规律，从整体上对实践教学内容进行系统设计，可将其分解为六个内容模块。一是基础训练模块。主要任务是培养支撑专业技术能力的相关技能和基本素养，通常开设计算机文化基础、大学语文、军训、德育、体育等公共课的实践教学与训练。结合实践教学目标的要求和课程特点，提出可行的实践教学要求，安排实践教学环节和实施方案。二是实验教学模块。主要任务是培养学生追求实事求是的科学精神和严谨的工作作风以及实际动手能力。主要包括：各类基础性实验、专业实验和应用性实验等。基础性实验是以理论课为基础开设的实验，这些实验一般由演示性、验证性、操作性等多层次实验内容构成，目的在于培养学生基本的实验思想、方法和技能，主要分布在基础课和专业基础课中。专业实验是由专业类课程的课内实验和综合性实验构成，以验证性实验为辅，开出一定比例的综合性、设计性实验，主要目的是加深学生对专业知识的理解，培养专业工作所需要的实践操作能力和技能。应用性实验是实验教学的高级阶段，以系列专业课程为起点，以应用型、设计性、综合性实验为主，紧密结合学科专业发展前沿选择研究课题，启发学生发现和解决问题，培养学生的科学素养和实践能力。三是课程设计模块。主要任务是培养学生运用课程的知识与技能，解决具有一定综合性问题的能力。通常是结合专业课程进行，一般安排在相关专业课程的后段时间实施。四是实习(实训)模块。主要是学生在校内外教师的指导下，在实习(实训)场所进行模拟或实际的工作，以获得有关的知识和技能。主要包括认识实习、专业实习和毕业实习等。五是社会实践模块。主要任务是使学生在社会实践活动中进一步熟悉专业、体验生活、磨炼意志，以增强学生对社会的认识能力、适应能力，提高学生的综合素质，主要包括假期社会调查等。六是毕业设计(论文)模块。毕业设计是对学生大学期间综合能力的检验。学生在完成各门课程学习任务后，综合运用本专业知识、技能和技术，有一定创见地做出解决实际问题的毕业设计(论文)。

(3) 实践教学支撑保障体系构建。一是人员投入保障。相对于规范的理论教学，实践教学的个性化指导要求更高，需要教师的投入也更多，为保证实践教学的有效开展，必须保证足够的人员投入。二是经费投入保障。加大对实践教学的经费支持，加强实践教学场地的建设力度，确保各类实践教学顺利开展，如增加社会调查经费、教育实习经费等；支持实践教学项目的开展，促进实践教学改革，提高实践教学的质量。三是制度建设保障。健全实践教学的各项规章，为实践教学顺利实施提供制度保证，以确保实践教学顺利开展。主要规范各部门、各类人员担任实践教学工作的职责分工和管理规定，实验室、实训室、实习基地等实践教学基地建设与管理方面的规章，实践教学检查、评价、奖惩方面的制度等。

(4) 实践教学管理评价体系构建。一是实践教学过程管理评价。过程质量是保证实践教学最终质量的基础，加强对实践教学的全程评价，促进各专业认真做好实践教学的各项准备工作，协调实践教学过程中的问题，保证实践教学各环节、各项活动顺利实施。主要包括实践教学计划评价、实践教学实施评价、实践教学总结评价等方面。二是实践教学态度评价。由于实践教学的个性化指导要求更高，教师的工作责任感直接影响实践教学效果，所以对指导教师在教学过程中的态度进行评价就非常重要，通过评价管理，增强教师的责任感。三是实践教学效果评价。通过对实践教学质量的监控和效果的反馈征集，对实践教学各方面的成效进行考核判断，检查实践教学工作取得的实际效果，发现实践教学过程中存在的问题，提供全面真实的反馈信息，促进实践教学不断改进和实践教学质量提高。

3. 小结

区别于研究型高校以培养学生理论研究和发现规律能力的定位以及职业技术院校以培养学生操作技能的定位，应用型本科经管专业的人才培养，以培养学生运用理论发现问题、解决问题的应用能力为目标。应用型经管专业人才，不是在经济社会发展中主要承担发现规律、创新知识的任务，而是把发现、发明、创造变成可以实践或接近实践，主要承担专业化应用、实际生产经营管理的任务，在提高生产效益和工艺水平方面发挥直接作用。通过实践教学这一环节使学生将课堂所学的理论运用到实践中去，在掌握实验方法、操作规范和技能的基础上，反复进行各种练习和操作，以培养学生发现问题、分析问题和解决问题的能力，进一步激发学生学习经管专业知识的兴趣与学习的动力。

（二）山东经济学院实践教学体系的构建①

山东经济学院依据学科定位，根据人才培养目标要求，在实践教学的具体实施过程中进行了积极探索，构建了既相对独立、自成体系，又前后衔接、机结合的实践教学体系。

1. 实践教学体系的构建

（1）实践教学内容体系的构建

实践教学内容体系即围绕专业人才培养目标，在制订教学计划时，通过合理的课程设置和各个实践教学环节（实验、实训、实习、课程设计、毕业设计、创新、社会实践等）的合理配置，建立与理论教学体系相辅相成的教学内容体系。以实践教学活动的功能为标志，可以将其分为实训性实践教学、实验性实践教学、实习性实践教学、毕业论文（设计）性实践教学。

实验是指为了检验某种科学理论或假设而进行某种操作或从事某种活动，一般在实验室进行，往往是作为课堂教学的补充。验证性的实验，虽能在一定程度上提高学生对客观事物的认识，加深对书本知识、理论知识的理解，但对财经类学生需要的实践能力的培养及职业技能的训练，则显得比较薄弱。仿真性实验可以借助计算机技术，在实验室内模拟经济管理的实践条件与实践环境，

---

① 张宝义，李斌，吴瑾瑾．财经类院校实践教学体系的构建与实施[J]．中国大学教学，2010(9)：75－77．

通过组织学生参加模拟条件与模拟环境下的经济管理专业实践活动,可以培养学生的专业实践能力与开拓创新能力。

实训,可以理解为把实习单位的现场搬到学校,在老师的指导下,通过全真的角色模拟、岗位轮换,让学生进行真切感受、亲身体验,从而实现动手能力的提高和职业技能的训练,缩短社会适应期。

实习是指把学到的理论知识拿到实际工作中去应用和检验,以锻炼工作能力,一般要到单位去,进行现场操作或训练等。这不仅要受到实习单位的限制,还要受到实习岗位的限制。

毕业论文或毕业设计,是实践教学活动的最后一个环节,也是本科教学活动的最后一个环节。毕业论文侧重培养或考查的是学生的学术研究能力,毕业设计侧重培养或考查的是学生运用理论进行创业的能力。

实训、实验、实习、毕业论文(设计)等四大内容,并不具有严格的递进关系或前后相继关系。实训、实验、实习的时序安排应合乎教学规律,实训可能安排在实验、实习之前;也可以贯穿在实验、实习之中;还可能设置在实验、实习之后。虽然毕业实习是在实验之后进行的,但专业实习却是在学科综合性实验之前进行的。

(2) 实验教学平台化建设

实践教学内容体系的构建,首先应合理划分实践教学逻辑层次,然后提供与之相匹配的实践教学平台体系支撑,以保障实践教学内容体系的顺利实施。实践教学平台体系是由相关的软硬件、教学文件、制度规范实践项目构成的,缺少其中任何一个要素,都不能称其为实践教学平台。这个平台体系由基础实践平台、专业实践平台、综合实践平台组成。

基础平台包括:军政训练、劳动技能训练;计算机、外语应用技能等;认知实习。

专业实践平台包括:单项性实验、课程实习;综合性实验、课程设计、学期论文;毕业实习、毕业论文(设计)。

综合实践平台包括:社会调研、三下乡、勤工助学等;科技创新;素质拓展与职业技能训练。

2. 实践教学实施的举措

(1) 搭建起科学合理的实践教学课程体系。在学校 2005 年、2008 年本科人才培养方案修订中，均将实践教学环节纳入本科教学的整体教学计划，对实践教学学分数、占总学分比例做出了具体的量化要求，对理论教学和实践教学的衔接进行了整体化设计，并对综合性、设计性实验项目进行了重点设计。实践教学在教学计划总量中的比重逐渐提高。如：在 2008 版本科人才培养方案中对人才培养规格作出明确规定，经管类专业实践教学学分占总学分比重至少达到 18%以上，较之 2005 年提高了 5 个百分点。

(2) 规范实验教学课程建设。学校高度重视实验教学内容的更新，不断改进实验教学的形式、内容与方法。在修订课程理论教学大纲时，同步修订了《实验教学大纲》《实验教学指导书》，将理论教学和实践教学内容紧密结合起来，规范了实验课程教学过程。在实验项目设置时，逐步减少验证性实验，增加综合性、设计性、创新性实验。如会计学院的手工模拟操作、财政金融学院的“模拟股市”以及会计学院、工商管理学院的 ERP 等实验项目，综合了学生所学专业的基本知识，提高了学生的理解、分析、解决问题的能力等。

(3) 提高教师实践教学能力和水平。学校定期组织理论课教师、实验课教师开展实践教学研究活动，组织举行实践教学公开课、经验交流、技术培训等活动，强化教师的实践教学意识。近五年来，共有 35 个实践教学研究与教学改革项目获得校级立项，其中 9 项被评为省级教改项目立项，培育出省级教学成果二等奖 4 项，省级教学成果三等奖 6 项。

(4) 以科技创新竞赛为龙头，带动学生科研和创新活动。学校建立了一套鼓励学生参与科技创新活动的激励和保障体系，设立了科技创新奖励学分，并通过成立学生科研社团、设立专项学生科研经费、鼓励学生参加教师科研项目、支持学生参加各种竞赛活动等措施，激发了学生从事科技创新活动的积极性，大学生的科学研究水平不断提高。近两年来，先后有学生在“挑战杯”全国大学生课外学术科技作品竞赛和“挑战杯”全国大学生创业计划竞赛中获奖。

(5) 扩大实验室开放程度和范围。为整合资源，提高资源利用率，学校提出了实验室统筹管理，实验项目流程化设计的管理思路。根据学校制定的《山东经济学院实验室开放管理办法》，要求各实验室积极向本科生开放。在实验项目设计方面，学校组织力量按照综合化、流程化设计思路，精心设计了一些综合性实验项目，使学生能够在微缩的系统内部完成一个完整的经济运行环节的实习循环。

(6) 重视实习基地的建设。在学校内部，各部门积极与相关专业联系，建立了学工在线、网络中心、山经青年编辑部等 10 个校内实习基地；在校外实习基地建设方面，共建立了浪潮集团、润华集团、建设银行山东省分行等 115 个教学实习基地，签订了具体的实习协议书，满足了各专业学生实习的需要。

(7) 积极开展社会实践活动。学校将社会实践纳入学分制管理，配备专业指导老师，并给予经费支持。近三年来，学校先后组织了 78 支校级社会实践服务队和 360 支社会实践小分队到全省各地开展社会实践活动，共有 5.3 万人次学生参加，收到社会实践报告 5 万余份，有 4 支社会实践服务队被评为“全国社会实践优秀服务队”，22 支社会实践服务队被评为“山东省社会实践优秀服务队”。

3. 小结

财经类院校特有的学科专业机构特点和人才培养目标定位，决定了其实践教学的特殊性。山东经济学院按照整体优化、分层分类的总体设计思路，以实践教学活动的功能为划分标准，遵循由低到高、由简单到综合的认知规律，构建了由实训、实验、实习和毕业论文(设计)四类实践教学活动组成的实践教学内容体系，实施基础、专业、综合三个层次的实践教学平台化建设。

三、本章小结

本章分析了国内外实践教学体系构建的典型经验，以期为后面章节中应用型本科实践教学体系的构建提供依据和借鉴。从对国内外典型实践教学体系构建案例可以看出：一方面，实践教学自身具有复杂的多目标、多元素特征，这就要求在构建实践教学体系过程中，必须对实践教学各环节错综复杂的关系进行系统化设计，梳理出简洁明确、科学合理的框架体系，使实践教学体系在具有前瞻性、系统性、可操作性的基础性特征的同时，又能呈现人文性、技能性、社会性等多重特征，从而较好地兼顾财经类学科所独有的自然科学和社会科学双重属性。另一方面，实践教学体系的构建并不存在一个普适的模式，应当以培养学生创新精神和实践能力为主线，以提高综合素质为出发点，在紧密结合各学校办学定位、学科优势、人才培养规律、人才培养规格等特质化要求的基础上，探索构建各具特色的实践教学体系。

第五章

应用型本科实践教学体系的理论模型构建

本章在借鉴前人研究成果的基础上，结合课题组的实地调研数据，论述了应用型本科实践教学体系构建的原则、实践教学体系的结构，并从实践教学目标体系、实践教学内容体系、实践教学路径体系、实践教学保障体系、实践教学管理体系和实践教学评价与反馈体系 6 个方面搭建了应用型本科实践教学体系的理论模型。

应用型本科教育要以适应社会、满足经济建设需要为培养人才的出发点和目标，构建理论教学体系、实践教学体系和素质教育体系。三种体系中，理论教学体系是纲领、实践教学体系是根本，素质教育体系是目的。实践教学是培养学生综合素质、培养创新精神与实践能力的关键。强化实践教学，是对“以学生为中心”的现代教育理念的践行，充分体现了按市场需求对应用型商科人才培养的导向作用。因此，这里只研究应用型本科商科专业实践教学体系构建的一般问题。

一、实践教学体系构建的原则

一个好的实践教学体系的高效运行必须要考虑多种要素的综合作用。因此，在构建过程中要能够遵守“以学生为中心”原则、系统性原则、开放性原则、前瞻性原则、协调性原则。这些原则是在综合了实践教学体系的特点和功能等的基础上提炼出来的，它们概述了构建应用型实践教学体系的要求和目的，是应用型本科建构实践教学体系需要遵守的一般性原则。

（一）以学生为中心原则

以学生为中心是指以学生需要、以学生能力拓展和以学生知识结构三个为中心开展实践教学。以学生需要为中心，就是要以提高学生技能为目标设计实践教学进程、提供支持服务。在课程设置、教学内容的选取上都应该突出实践教学的重要地位，尽量结合工商企业经营运作的实际需要开展实践教学；以学生能力拓展为中心，就是在实践教学过程中强调给学生传授新方法、新技术、培养学生执业能力和技术拓展能力；以学生知识结构为中心是根据实践教学的不同项目以及学生自主选择和发展的需要，设置不同的实践内容并为他们选配合适的指导教师，使学生的知识结构呈现多元化发展。

（二）系统性原则

系统性原则是指以整体优化的思想来构建实践教学体系和教学内容。[①]

一是实践教学体系功能的全面性。实践教学体系要满足社会多元化发展需求，能够满足尽可能多的人群的需要。实践教学体系的构建是将培养学生的职业能力放在突出的位置，但同时不能忽视学生职业素质的形成，职业素质主要包括良好的职业道德、团队精神、奉献精神、质量意识和创新意识等，这些职业素质的培养是构建实践教学体系是要充分考虑的。因此，在构建实践教学体系时要让实践教学体系的功能最大化。

二是实践教学体系结构的整体性。实践教学体系是一个有机的系统，在这个系统内，各要素相互作用、相互协调、统筹兼顾，才能使实践教学达到最优化的功能。实践教学体系结构主要包括目标体系、内容体系、途径体系、保障体

---

① 柳秉毅，徐锦康. 创新实践教学体系注重应用能力培养[J]. 南京工程学院学报(社会科学版)，2005(4)：38－41.

系、管理体系和评价与反馈体系，每一个子体系都是实践教学体系不可缺少的环节。在构建过程中，要考虑到各子体系之间的相互关系和相互影响，实践教学与理论教学的关系，从而完善实践教学体系的内容建设。

三是实践教学实施策略的渐进性。在实践教学过程中，要考虑各要素特征以及相互关联性，实践教学内容要由易到难，实践教学方法由单一到综合，实践教学过程逐渐由基本技能训练到专业能力训练和综合能力训练，这样一个循序渐进过程开展实践教学。

（三）开放性原则

实践教学的开放性表现在：办学定位的开放性，决定了实践教学要立足国内、面向世界，尤其是在我国提出“一带一路”战略背景下，高等教育必须站在国际竞争和合作的背景下来考虑专业的发展、学生的培养，在实践教学中要树立国际意识，积极采取“走出去、请进来”的教育方式；教学内容的开放性，这意味着它必须关注行业和社会的需求，要经常与工商企业建立密切的、广泛的、多层次的长期合作，通过实践教学基地的建设，及时吸取行业、企业的最新技术成果并把它作为学生综合能力培养的依据；教学形式的开放性，表现在学习者的参与性学习不能仅局限于课堂内，而且要积极开展产教融合的人才培养模式；师资队伍也具有开放性，即既要让教师抽出一部分时间深入企业学习，同时也要向社会招聘富有经验配的兼职教师，形成专兼结合的师资队伍；教学评价的开放性，即要把企业、社会的评价纳入到评价的参照体系中来，体现出“产教融合，校企合作”的评价思路。

（四）前瞻性原则

前瞻性原则是指实践教学体系在培养高素质应用型人才方面必须具有先进性。随着科技的发展和科学成果的更新，社会对不同人才需求的变化在加快，应用型本科院校要想培养出的人才适应社会经济的发展需求，就必须要不断更新实践教学的课程内容、教学方式、训练项目等，这样培养出来的学生才能够适度超前为未来服务，具有前瞻性。应用型本科院校应该面向区域经济发展，加强与行业企业的密切合作，紧跟行业企业生产技术更新的脚步，完善专业设置，替换专业课程内容，聘请企业一线的高级管理人员和专家，运用最新技术给学生开展实践教学。

（五）协调性原则

协调性原则是指构建科学的实践教学体系，高校需要协调处理好以下五个方面的关系，即教师主导与学生主体的教与学关系、通识教育与专业教育的融合关系、理论与实践教学的相辅相成关系、课堂内教学与课堂外教学的融通关系、结果考核和过程考核的全面评价关系。

教师主导与学生主体的教与学关系是指教师要遵循“学生是教育教学活动的主体”的原则，采用启发式教学，以学生为中心，传授知识，引导学生，激发学生学习的积极性。学生的知识来源也不仅局限于教师和教室，还可以从课堂外和网络上获取。学生不仅“学会”，更重要的是“会学”。

古希腊哲学家亚里士多德提出“人类最高的理想是在现实的基础上，将不完美的现实加以改造，引导它走向完美的理想世界。教育的最终目的是实现人的完善”，他因此提出教育应以“自由学科”为主要内容。社会分工进一步细化要求高等教育培养各式各样的专业人才。但是对专业教育过度追求，会使教育患上“近视症”，造成通识教育与专业教育的失衡。因此，高教界在提高教育质量的要求下提出加强通识教育，不是反对专业教育，而是要求专门人才有较宽的普通文化知识，加强人类共同价值观念的教育。

高校拥有较强的科研实力和人才优势，但教学、科研与实践脱节的现象还普遍存在。社会要求高等教育在创新人才的培养和直接推动社会经济发展方面扮演更重要的角色，这要求高等教育与社会实践结合更密切，优化理论教学，加强实践教学；合理安排学习时间，鼓励学生参加各种社会实践活动；重视校内实验室建设和校外实习基地建设。

学生的课外时间远多于课内时间，重视课外学习，处理好课内外的关系对学生创新能力的培养很关键。当代社会经济飞速发展，学生通过社会和互联网了解科技信息、拥有的技能甚至超过教师。教师课堂教学兼顾了班集体学生的特点，但不利于学生个性的发展和培养。课外实践教学可以拓宽视野，从中发现和培养学生的兴趣、爱好、特长，凸显个性发展，增强社会适应性，学会与人合作。

结果考核就是根据实践教学的成果来评定学生的实践课成绩，如社会实践调查报告、社会服务总结、课程论文、毕业论文等。其优点是操作简便，可行性强，有较为完善的评价尺度，能直接反映大学生的社会实践能力和水平；但其局限性是这一考核方式往往难以体现实践教学的育人目标，甚至可能导致考核的失真。过程考核是对学生社会实践全过程的考查和评价，包括社会实践的前期准备、实践过程中的态度以及实践结果等。它侧重考核大学生在社会实践中的表现，避免了单靠一个调查报告或论文来决定学生实践教学成绩的简单做法；但其局限性是过程性考核较为复杂，指标体系不尽完善，运作不好同样会导致考核失真。学校要把结果考核和过程考核结合起来，对学生的社会实践教学活动的质量进行全面、细致、公正的评价和考核。

二、实践教学体系的理论模型构建

实践教学体系是由实践教学目标体系、实践教学内容体系、实践教学路径体系、实践教学保障体系、实践教学管理体系和实践教学评价与反馈体系 6 个子体系组成，是一个完整的教学系统，各个子系统的构建要能够考虑到各系统之间的联系与影响。实践教学体系的构建采用系统理论与方法，分析学习者需要、确定教学目标和任务体系，整合教学策略与资源和制定工作任务解决方案，开展评价活动，并在评价基础上改进教学工作和方案的有序过程，从而使实践教学过程达到最优化过程。

（一）实践教学体系的结构

实践教学体系应包括目标体系、内容体系、途径体系、管理体系、保障体系及评价与反馈体系（具体见表 5－1）。目标体系在实践教学体系中起引导驱动作用，构建要充分体现教育理念与哲学思想，充分体现按市场需要（学生、家庭和社会需要）培养适用人才的管理思想；依据学校和专业定位，结合社会评价和学校自评结果，考虑各专业人才培养目标的要求和特点确定具体内容。内容体系是实践教学体系的核心体系，是各实践教学环节（实验、实习、实训、课程设计、毕业设计、科研训练、社会实践等）通过合理配置呈现的教学内容，涉及学生能力培养的各个方面。途径体系指实践教学的途径和具体实践内容。管理体系是实践教学体系中的重要内容，在整个体系中起指导和调控作用，主要包括对实践教学管理对象的管理，即实现对学校的宏观管理、对学生的管理和对教师的有效管理。保障体系这里仅指学校的资源设备管理、学习环境和后勤服务工作，这是实践教学活动的必备条件。评价与反馈体系指社会对学生实践活动的评价、教师对学生实践活动的评价、专家对实践活动的评价、学生对实践教学的评价；评价与反馈体系是实践教学体系调整完善、形成新一轮良性运行的关键。

表 5－1　实践教学体系构成

构成子体系	具体内容	功能
目标体系	根据学校办学定位和人才培养目标、规格，结合专业特点制定总体及各个具体实践教学环节的教学目标的集合体①	在实践教学中起引导驱动作用
内容体系	各个实践教学环节通过合理结构配置呈现的具体教学内容	在整个体系中起受动作用
途径体系	实践教学的途径和具体实践内容	在整个体系中起到桥梁作用
管理体系	管理机构和人员、管理规章制度、管理手段的总和	指导和调控作用
保障体系	开展教学所需的设备、师资、场地等条件	开展实践教学的物质基础
评价与反馈体系	评价指标体系	信息反馈和调控作用

（二）实践教学体系中各子系统的内在逻辑关系

从认知规律看教学相长，教为学服务，教是过程，学是目的。在教学中，学生是信息加工的主体和知识的主动建构者；教师是课堂教学的组织者、引导者和帮助者；教师要引导学生变被动为主动学习，深刻理解知识内涵，树立正确的价值观和创新创业的信心；教会学生掌握学习方法，让学生在思考中学习，敢于挑战权威和传统，在思考中得出结论，以科学的态度对待知识，感悟创新创业的精神和思想。

实践教学体系中六大体系之间的内在逻辑关系，可以用图 5－1 表示。它们内在的逻辑关系是社会经济发展和市场对应用型商科人才培养的需求与反馈决定了高校本科教育办学目标定位，促使高校不断提高教学质量。而教学质量的提高依赖于学校的决策系统、过程系统、管理系统和结果评价系统的良性

① 秦刚年，廖庆敏. 创新人才培养与实验教学示范中心建设[J]. 实验室研究与探索，2010(9)：116－119.

运转。决策系统由决策层依据社会、专家、教师和学生提供的信息，确定学校的定位、学生的培养目标和培养内容。过程系统是执行层对教学各环节的质量监督和考核。管理系统由管理层编制培养方案，利用管理和督导两支队伍，开展教学管理评估。结果评价系统是相关部门通过对用人单位和毕业生的跟踪调查，收集社会对学生的评价信息，及时反馈给管理者，完善学校的教学管理、培养方案和课程设置。前三个系统在学校内部运行，结果评价系统通过学校内外相关部门的合作才能高效运转，其结果成为检验学校教学质量的最准确尺度。具体来说，应用型人才培养的办学定位决定了实践教学的目标体系，根据实践教学的目标体系制定实践教学各项内容、明确实践教学途径；实践教学管理体系和实践教学保障体系是实践教学目标和内容得以高效实现的支撑；评价与反馈体系是实践教学体系的结果评价系统，其评价结果代表了社会和市场对高校应用型商科人才培养的认可度，最终必然影响高校办学目标和定位的调整，整个体系是一个闭环系统。

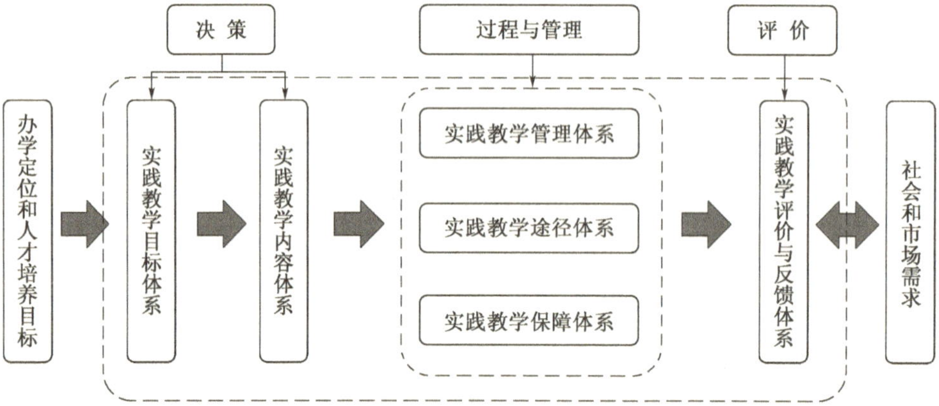

图 5－1 实践教学体系中六大体系之间的内在逻辑关系

本书认为实践教学体系构建的起点和目的都是社会经济发展对商科应用型人才的需求，因为应用型本科教育的属性决定了人才培养必须面向区域社会经济的需求，社会对毕业生使用的评价决定了学校的知名度和美誉度，并最终决定学校的办学发展方向和发展目标；同时，学校对毕业生就业状况自评是学校自省、自查、自纠、自我完善的起点和过程，也是从观念上解决对实践教学地位和作用的认识问题。

实践教学的目的是培养学生的实践能力的和综合素质。应用型本科教育商科专业教学活动包括理论教学和实践教学。理论教学即通过教师理论的传授,使学生掌握知识的过程;实践教学是以实际操作为主,让学生获得感性知识和基本技能、提高综合素质的一系列教学活动的组合。实践教学和理论教学是达到同一培养目标的两种不同方式,二者缺一不可。就业市场评价是检验学生实践能力和综合素质的标准,是检验学生培养质量的最好尺度。学生理论能力的提高可以通过课堂内外获取,而学生实践能力的获得必须通过实践教学活动才能获得。

实践教学内容是实践教学目标任务的具体化。具体来说,是将各个实践教学环节实验、实习、实训、课程设计、毕业设计、创新制作、社会实践等,通过合理配置,构建的以应用能力培养为主线,按素质教育、专业技能、职业适应能力、创新创业能力四个层次,由简单到复杂、由验证到应用、由单一到综合、由一般到创新,循序渐进地安排一个一体化的实践教学内容,将实践教学的目标和任务具体落实到各个实践教学环节中,使学生在实践教学中学到的并不是支离破碎的东西,而是商科应用型人才所必须具备的系统的实践能力和素质。

实践教学的途径,主要包括校内途径和校外途径。实践教学途径是实践教学目标与内容得以实施的桥梁。

实践教学的管理对象是实践教学的主要因素。无论通过什么实践教学的途径都离不开学校加强自身建设和综合管理,以人为本对师生实施有效管理。学校决策者要宏观调控,把握发展方向,明确发展定位,提高管理效率。二级学院要加强学科建设、专业建设、课程建设的统一和协调;完善实践教学计划、实践教学大纲等文件资料和管理制度;课程设置尽量与就业职业标准相融合,教学内容尽量与实践相结合,并使教学考核科学和有效。教师要创新教学方法和教学模式,加强实习实训教学,研究实践教学问题。学生要有良好的学风,积极参加实践教学活动,主动锻炼自己的实践能力,提高综合素质。

实践教学保障体系主要指实践教学所必需的物质条件,即资源设备管理和后勤服务工作。这里只是从学校内部分析实践教学体系的良好运行所必备的物质条件,不包括学校外部应具备的各项物质条件。这是因为实践教学受制于学校内外诸多因素的影响和制约,但是学校无疑对内部各项可控因素实施管理效果最佳。

实践教学评价与反馈体系是对实践教学结果的评价与反馈,是实践教学体系优化的主要依据。一个完善的系统应该是闭合的,实践教学评价与反馈系统与实践教学目标系统，前后呼应，共同构成了应用型本科教育商科专业实践教学的完整体系。

（三）实践教学目标体系

美国著名教育学家、心理学家 B. S. Bloom 等人认为，完整的教育目标体系应包括认知、动作技能和情感等三大领域。目标体系是各专业根据人才培养目标和规格的要求，结合专业特点，分析本专业岗位群对知识、能力和素质方面的实际需要，确定培养学生综合实践能力的总体目标，再将总体目标加以分解。在整个实践教学体系中，目标体系是核心，起引导驱动作用。

有学者认为，商科专业人才培养通过实践教学让学生不仅掌握工商管理类专业的基本业务流程、操作方法和组织管理模式，而且具备及时掌握和发展工商管理类专业最新实用技术的能力和相关素质。[①] 因此，实践教学应涵盖“专业教学实践”和“专业综合素质实践”两个方面。其具体目标大致为以下五个子目标：

（1）素质教育目标。思想道德素养(热爱祖国、爱岗敬业、职业道德、法制观念等)、计算机和外语应用能力、数量分析和数学建模能力、协调沟通能力以及终身锻炼习惯等。

（2）专业基本技能目标。通过实践教学环节，使学生加深对专业基础理论知识的再认识，加深对专业理论的理解，促进理论联系实际。

（3）专业综合技能目标。通过参与实践活动，使学生掌握与商科专业相关的基本知识与技能，不仅能够达到专业的基本上岗要求，而且能综合驾驭相关专业知识和技能，创新地融会贯通于本专业的专业技术操作中，具有较强竞争力。

（4）专业适应能力目标。为学生提供最前沿的技术引导和实践机会，通过参与第二课堂、创新活动和创业活动等，锻炼学生的设计创新能力，使学生能够承受社会科学进步和技术竞争的压力，对社会发展有较强的适应能力。

（5）职业适应能力目标。通过校外培养，提升学生的职业能力，包括对商科专业岗位的感知能力、对专业现象的理解能力、对专业岗位的适应能力等。具体实践教学目标体系见图 5 - 2 所示。

---

① 张芊. 谈财经类高校新的实践教学体系的构建[J]. 南京审计学院学报，2005(1)：95 - 98.

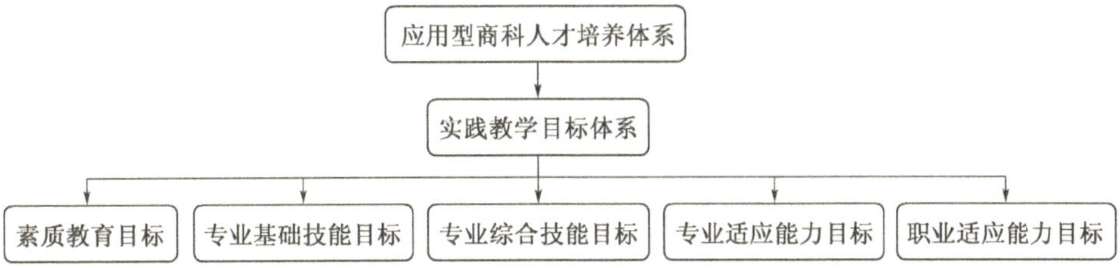

图 5－2　实践教学目标体系

（四）实践教学内容体系

1. 实践教学内容体系的内涵

实践教学内容体系是指学生理论水平和研究能力的培养、实践能力水平和胜任工作的能力培养。此外还要明确实践教学内容、实践教学方法和模式、环节、考核、保障和责任人的要求等诸项内容。

学生理论水平和研究能力的培养可以通过学生“掌握专业和课程的基本理论和知识点”“从事科研的人数”“发表论文的数量”和“参与教师科研的数量和结果”等观测点来体现。通过分析学生是否已经掌握专业和课程要求的基本理论和知识点，并且能够运用理论分析解决简单的问题，来考查学生的理论水平；通过对于从事科研立项的人数的分析，进一步考查学生从事科研工作的积极性、参与度和科研能力；通过对学生公开发表的论文、研究成果、研究报告的数量分析以及学生与教师合作从事科研或共同完成的科研项目的数量和结果分析，进一步考查学生的科研能力、知识水平和知识深度等。

学生实践水平和胜任工作的能力培养主要从 4 个方面 12 种能力来体现，即学科基础能力，包括经济分析能力、企业管理能力等；专业核心能力，包括创新能力、分析问题和解决问题的能力；综合素质能力，包括人际交往能力、团队协作能力、语言表达能力、吃苦耐劳能力、心理调适能力；信息技术能力，包括专业软件处理能力、网络动用能力等。对于能力的评价可以按 5 级打分测评，即最好 5 分、较好 4 分、一般 3 分、较差 2 分、最差 1 分，学生所得分数越高，综合能力越强。

2. 实践教学内容体系的构成

实践教学内容是实践教学目标任务的具体化。将各实践教学环节合理安排，构建以应用能力培养为主体，按基本技能、专业技能和综合应用能力培养为层次的、循序渐进的实践教学内容和活动；将实践教学的目标和任务具体落实到各个实践教学环节中，让学生在实践教学中锻炼必备的、综合的能力。

按照教育部评估的要求，实践教学内容包括实验、实习、实训、社会实践、课程设计、毕业论文、学年论文，也包括军训、创业活动以及纳入教学计划的社会调查、科技制作、学科竞赛等活动。要求内容要形成体系；主要考查实践教学在教学计划中的学时、学分、内容等分配情况。内容、方法、手段、形式的改革和更新情况；学生参与科技活动情况；实验教学的效果。

作为实践教学体系的主导系统，实践教学内容体系包括实践教学环节、实践教学考核、实践教学比例、实践教学方法等内容。

（1）实践教学环节

围绕学生必须具备的能力和技能，设计四年和每学年实践教学的内容，统筹安排，制订相对独立的实践教学计划。从不同角度分析，实践教学环节可以分为不同的内容，但一定是承前启后、环环相扣、注重实效的。具体见表 5－2 所示。

表 5－2　实践教学环节内容

分类	实践教学环节内容
按年级分	从低到高，四年实践教学活动依次为认知实习、专业实习、顶岗实习和毕业实习
按具体内容分	可分为社会实践、社会实习、课程实验、课程实训、课程设计、课程模拟、课程研究、毕业论文（设计）等
按性质分	可分为一般社会实践活动（学生社团活动、各类技能培训、专业考证考级、参加自主实践、参与各种竞赛）、专业综合实践活动（各种科研活动、创新和创业实践、毕业论文或设计）

（2）实践教学的考核

实践教学考核方式，不能采取单一闭卷考核方式，要凸显对实践教学活动效果的考核。一是考核方式多样化。可以采取实验报告、实际问题解决方案设计、小组答辩等多种形式进行考核。二是考核内容综合化。将理论部分和实践教学活动分开考核，通过系统软件的使用和操作、运行结果分析、数据整理和使用、信息资源整合、实践活动中的综合表现，对学生所具备的专业理论知识、专业技能以及灵活运用知识发现问题、分析问题和解决实际问题的能力、语言表达能力等进行综合测试。三是提高考核比例。根据课程重要性不同,给予不同的理论课与实验课的考核比例,特别是加强毕业论文质量考核,促使学生顺利完成学业,提高专业教学质量,提高培养学生的质量。

(3) 实践教学的学分比例

纵观高校实践教学的改革方向和内容,实践教学在教学计划中所占比例呈现上升趋势。这是与当前就业市场的压力相关,也是高校参与教育市场竞争的必然结果。可以预计,未来首先被淘汰的大学就是那些培养出了社会不需要、自身素质不高、不适应社会发展学生的大学,就业率将成为学生背后的家长选择学校首先考虑的因素。教育部 2009 年也通过文件明确规定,要加大高校学生实践教学的力度,提高学生的综合素质;同时在就业方面出台一系列政策,积极扶持大学生就业、创业和自我发展。所以,高校实践教学的学分和学时比例还应继续提高,至少不应低于总学时的 1/3。校内实践、实验、实训条件较好的高校比例还应提高到 40%。

(4) 实践教学的方法

要结合专业和课程特点,创新实践教学方法,提高实践教学效果。实践教学要从传统的经验型向现代科学型转化,应用现代技术和企业实际接轨,凸显实践效果和效率;从感性向理性转移,凸显知识实践和学习的系统性、应用型、螺旋式上升的特点;从局部向系统过渡,凸显方法的系统性,通过形式多样的实践教学方法,提高实践教学活动质量,融会贯通专业知识,构建不同专业和课程自成体系的实践教学体系。实践教学内容的落实依赖于实践教学的组织管理、运行管理和制度管理,要选择最合适的实现途径。要加强对学校各部门、教师、学生等实践教学主客观因素的管理,完善保障系统,建立健全评价与反馈系统。

(五) 实践教学途径体系

实践教学的途径包括校内和校外两条途径,其中校内途径指实验室仿真教学活动、课堂实践教学活动、学科竞赛与社会实践活动、校企合作实训实习活动、校内勤工助学活动;校外途径包括基地的实习活动、自行联系的实习活动、学校组织的校外实践活动等。校外实习实践活动,补充了校内实践教学资源的不足;学生个人实践活动和学校有组织活动相结合,为学生实践教学活动提供了有力的保障,提高了实践教学活动的质量和效益。具体见表 5-3 所示。

表 5-3 实践教学途径体系

途径	活动项目	内 涵
校内途径	实验室仿真教学活动	课内课程设计、教学模拟活动、实训、实验、实习、毕业论文、科研训练活动；学生课余时间在实验室开展的仿真、研究活动
	课堂实践教学活动	案例教学、小组讨论、学生讲课、分组辩论、个人演讲；研究性教学、提交课程论文、学年论文；开放式教学(网络课堂、讲座、个人博客和信箱)
	学科竞赛与社会实践活动	在教师的指导下开展的各级各类竞赛和比赛活动
	校企合作实训实习活动	在校企双方签订的协议框架内开展的教学和实践活动
	校内勤工助学活动	在学校相关部门提供的岗位开展的实践活动
校外途径	基地实习活动	校企双方本着互利互惠的原则，通过签订协议明确双方的权利和义务，开展的专业见习、顶岗实习等实践活动
	自行联系的实习活动	学生在课余时间开展的兼职、打工、促销、策划、创业活动等
	学校组织的校外实践活动	结合课程或教师的科研工作开展的有目的性和针对性的短期或者一次性的实践活动

1. 校内实践教学途径

校内实践教学途径包括以下 5 种：

第一，实验室仿真教学活动。包括教师组织的实验课程设计、教学模拟活动、实训、实验、毕业设计、科研训练活动；学生业余时间在实验室开展的模拟活动。关键是实验室要配置技术好、责任心强的教师，配置合适的教学软件，并且注意维护和升级；定期开放机房和实验室；实行局域网资源的优化和整合。

第二，课堂实践教学活动。包括案例教学、小组讨论、学生讲课、分组辩论、个人演讲；研究性教学、提交课程论文、学年论文；开放式教学(网络课堂、讲座、个人博客和信箱)等。这些活动主要培养学生的语言表达能力、自学能力、逻辑思维能力、分析问题和解决问题的能力以及获取信息和知识的能力。

第三，学科竞赛与社会实践活动。学生在教师的指导下开展各级各类竞赛和比赛活动，如沙盘模拟大赛、“三创”大赛、外贸从业能力大赛等，运用所学理论解决实际问题，培养创新精神和团队意识。

第四，校企合作实训实习活动。本着双方互利互惠的原则，校企双方在协议框架内开展諸如产学研合作、订单式人才培养、聘请专业导师、互换学分等多种形式实践活动。

第五，校内勤工助学活动。各高校都有学生勤工助学岗位，学生在勤工助学岗位上，能锻炼自己的社交能力、吃苦耐劳能力、敬业精神和团队意识，对于实践能力培养有重要作用。

2. 校外实践途径

校外实践途径主要包括三个方面：

第一，基地实习活动。学生在实习基地的实习活动由校企双方本着互利互惠的原则，通过签订协议，明确双方的权利和义务，专业见习、顶岗实习等实践活动具有明显的专业性、实践性和针对性。

第二，自行联系的实习活动。学生在假期和课余时间，兼职、打工，做一些促销、策划、创业活动等，多数以体力劳动为主，既锻炼了能力，又获得一定的报酬。

第三，学校组织的校外实践活动。教师结合课程或科研工作开展的有目的性和针对性的短期或一次性的实践教学活动。此类活动的次数、效果主要取决于教师的课程特点、科研经费多少、客观条件的优劣、学生的个人能力等因素。

（六）实践教学管理体系

实践教学管理体系包括三重维度，即学校方面管理、学生方面管理和教师方面管理，见图 5－3 所示。实践教学管理分别对三重维度的“学校、学生、教师”实施管理。其中学校因素是决定性的因素，学生因素是目的性的因素，教师因素是保证性的因素。在实践教学的管理对象体系中，三个因素分别发挥作用，并且相互联系、相互制约、相互促进、相互影响，在动态中保持相对的稳定性，发挥最大的系统作用和功效。

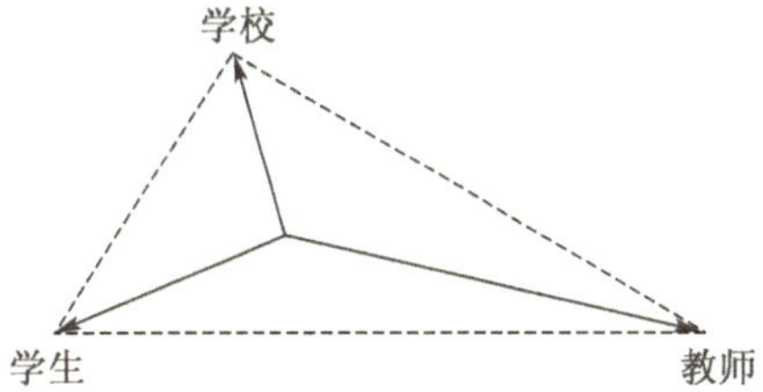

图 5－3　实践教学管理体系三重维度图

每个管理对象体系可分为若干个更小的具体项目，见表 5－4 实践教学管理对象体系。

表 5－4 实践教学管理体系

管理对象	具体项目	内涵及评价标准
学校方面	学校中长期发展战略性文件	实践教学的系统性、战略性、纲领性文件
	建立内部监督机制	充分发挥工会、教授委员会、纪检、审计等部门作用
	科学制订和调整教学计划	体现实践教学的目的、时间、内容、要求、学分
	课程体系建设	课程体系完善，专业课程板块构建科学
	明确实践教学课程学分和比例	实践教学课程学分比例合理
	保证实践教学经费来源和投入	纳入学校预算、保证经费足额按时到位
	建立健全实践教学组织机构	实现校、院两级实践教学体系管理，定期考核、评价并不断完善
	完善实验室设备及管理制度	实验室使用和管理的规章制度完善；定期更新、维护实验室设备和软件；设备完好率高，使用率高
	鼓励建设校外实习基地	本着互利互惠的原则，建成一批校级和院级的实习基地；鼓励学院建设、维护、发挥实习基地的作用
	实践教学成果考核	鼓励教师和学院研究实践教学的课题，撰写高水平实践教学的论文；鼓励学生研究和解决实践问题
学生方面	实践课程成绩考核	依据教学计划，完成规定实践课程内容，考核结果计入个人成绩单
	实验实训与毕业论文（设计）	培养独立操作的能力和解决问题的能力
	学风和兴趣	勤于思考、善于学习、兴趣浓厚
	自主参与实践活动	积极参加实践活动，学习效果明显

续表 5-4

管理对象	具体项目	内涵及评价标准
教师方面	提升业务素质和实践能力	扎实的理论知识和丰富的实践经验,爱岗敬业
	保证一定的时间和精力投入	主动、自愿地投入一定的时间和精力
	改革教学手段和教学方法	灵活应用各种教学手段,创新教学方法
	完善实践教学活动效果考核	为社会企业创造效益,提升学生的实践能力
	鼓励个人社会兼职和发挥引领作用	发挥自己的专业优势,服务于社会,引导学生实践
	创新实践教学模式	探索适用不同专业和课程特点的实践教学模式
	构建合理的教师队伍	有符合实践教学目标的师资队伍建设规划

1. 实践教学管理体系——学校方面管理

学校宏观控制和管理是解决问题的关键,这既需要学校完善规章制度,又需要学校调动学院(系)的积极性;加强与社会的联系和沟通;逐步解决经费制约的瓶颈问题,使实践教学真正收到应有的效果。影响实践教学来自于学校的因素为涉及学校全局性、整体性、方向性、政策性的内容,包括 10 个方面的内容。

(1) 学校中长期发展战略性文件

学校办学理念、类型、发展定位及相关战略发展文件是实践教学管理的依据和纲领性、指导性的文件,只有完善管理文件,并按战略方向发展,高校才可能凸显特色、发挥优势、彰显水平。

第一,树立"以学生为中心"的教育理念。把一切为了学生作为学校工作的基点,把培养学生、促进学生最大限度地发展作为学校工作的出发点和最终归宿;尊重在教学中学生的主体地位和教师的主导地位;发挥学生在学习中的主动性和自觉性,重视学生的个体需要,给学生以最大的学习自由和空间。在教学活动中,激发学生的求知欲,尊重学生的自尊心和自信心,保护和培养学生的创新思维和勇于探索的精神,建立严格的教学管理制度。

第二,根据学校办学类型,动态调整学科、专业及课程结构。适应高等教育由精英教育向大众化教育的转变，应用型大学要以培养应用型人才为主，突出地方性、复合性和开放性的办学特点，形成应用型的学科专业结构、应用型的课程体系、应用型的师资队伍；以就业为导向，重视产学研合作，积极推进教育教学改革，构建学术、技术和职业相结合的人才培养模式；强化实践实训教学，把专业性、实践性较强的课程从课堂搬到实验室，让学生在模拟环境中，通过实践或实验完成课程学习的任务提高应用能力；坚持开放办学，推进国际交流与合作；适当加大实践教学占总课时的比例。

第三，建立健全实践教学管理文件。加强对实践教学文件资料和各种规章制度的建设，要保证组织管理工作到位、管理规章制度配套、教学环节合理衔接，使实践教学活动、教学监督和教学检查统一协调发展，确保人员、资金、物质条件到位，保证对实践教学工作的科学指导，保障实际教学活动的顺利开展，提高实践教学的质量。

(2) 建立内部监控机制

贯彻“以教学为中心”的工作理念，实现内部管理的科学化、民主化和制度化。充分发挥工会、教代会、职代会、教授委员会、纪检和监察、财务审计等组织和部门的作用，围绕师生需要，强化服务和管理并重的意识，提高对学生的服务质量和服务水平，提高行政管理工作效率。建立健全学校的组织、运行和管理规章制度，完善监控执行系统。明确岗位职责，明确奖惩措施，确保实践教学的人员、资金、物质条件，及时、足额、足量到位，优化配置资源，实现实践教学效率最大化、效果最优化。

(3) 科学制订和调整教学计划

教学计划要与学校发展定位保持一致，教学计划的制订要具有科学性、严肃性和发展性。应用型本科院校要结合自己的发展定位、培养目标和学生特点，科学地制订教学计划，实现理论教学与实践教学的有机结合。按照培养目标和教学计划要求，建立实践教学指导大纲，规范组织与实施活动；考虑本校生源质量、学生学习能力和师资情况、实验教学条件，论证开设课程的必要性，适度增加实践教学环节的课时和内容，确保实践教学的质量以达到提高学生实践能力的目的。

(4) 课程体系建设

课程体系建设是实践教学体系构建的基础性工作，并且关系着课程教学质量考核的标准。课程体系建设的内容包括课程改革总体规划、课程计划、课程目标、课程标准、课程结构、教材的编写与管理、课程实施与评价、课程管理体系等。强化通识教育，促进文理渗透；整合学科基础，实行大类培养；改革专业教育，凸显专业特色。按照社会对各类专业人才的就业素质要求，及时调整和拓展实践教学内容。

(5) 明确实践教学学分和比例

应用型本科院校要明确实践教学在所有学分中所占的比例，并且是必修学分。实践教学活动分为重要实践教学活动和一般实践教学活动，突出重要实践教学活动，保证实习时间、人员和经费足额到位。同时，监督控制各学院严格按教学计划规定的学时实施实践教学活动，并且达到预期实践教学效果。构建科学和动态的实践教学体系，时间分配要循序渐进、内容有层次和先行后续关系、专业特色要鲜明、监控及保障措施要有效。实践教学培养方案应具有前瞻性、系统性和适用性，尽量考虑学生的特性、专业发展趋势以及实践教学内容的侧重点和交叉点，重点考虑方案的可操作性和实施效果；注重个性与共性的有机结合，既要达到专业训练目的，又要考虑学生基本素质的提高，强调实践教学学分和比例但是不唯学分和比例，关键是过程控制和效果考核。

(6) 保证实践教学经费来源和投入

实践教学的资金要纳入学校预算、并要保证经费足额按时到位。完善并逐步优化学校的实践教学活动场地、设备、技术、图书、网络等资源配置，提高校内实践教学的效率。重点加强学校的实验室建设，优化学生学习环境，提高学生的实践实验能力和动手操作能力；加强网络资源软环境和硬条件建设，充分利用网络资源，实现学习的信息化、网络化、科学化；丰富图书馆的图书和资料，整合图书资源和网上数据库，为师生研究性学习和自主性学习提供条件，提高对理论的理解能力、提高发现问题和解决问题的能力。加强校内外实习、实训、实践教学基地建设，积极拓展实验实训室创建渠道，倡导校企共建，理论教师和实战教师互补，多渠道培养学生的实践能力。

(7) 建立健全实践教学组织机构

加强对实践教学的宏观管理，构建科学的组织结构。学校应成立教学指导委员会领导下的实践教学行政管理机构，负责全校实践教学的计划、组织、管理、协调、资源的优化配置和合理利用、质量监控与考评等工作。明确岗位责任，全面负责协调实践教学的具体工作。明确校领导担任负责人，教务处对实践教学宏观管理负责，各部门配合，学院建设，构建一个富有活力、精干高效、尽可能扁平化的组织结构，便于上下及时沟通，充分发挥个人的积极性、主动性和创造性。管理机构、基地建设和人员管理通常采用校、院二级分工负责的管理模式。实验、实训中心是具有一定管理职能的教学实施单位，负责管理综合性实验室和训练中心；院系负责专业性实训中心、实验室的建设与管理、教学组织与实施。密切与实践教学基地的联系，由校企双方根据合作协议共同管理，按培养计划安排教学环节，实施质量监督和考评。

(8) 完善实验室设备及管理制度

一是建立健全实验室使用和管理的规章制度。定期更新、维护实验室设备和软件；整合现有资源、优化配置，加强高校资产管理；保证教学质量、提升科研水平、改善投资效益，为师生学习和科研创造良好的环境，同时降低实践教学的管理成本。二是合理配置实验教学资源。以学科建设为基本要素，建立中心实验室、大类专业实验室，或者建立理科、文科专业实验实习中心，打破专业垄断和壁垒，形成实验教学大系统，并设置实验教学管理中心，全面协调实验教学和管理，实现教学资源的合理配置和充分利用。三是改革实践教学模式。更新实践教学内容，加大实践教学在整个课程体系中的比重，实现多课程综合实践，加大实践教学的过程管理及考核环节的管理，使得每一项实践教学环节都切实落到实处。

(9) 鼓励建设校外实践基地

本着互利互惠的原则，积极建成一批校级和院级的校外实践基地。校、院两级分工协作基地管理，发挥学校的调控作用，负责制定实践教学基地建设规划和产学合作政策，协调各种关系，建立沟通渠道，定期召开基地工作会议；各院系利用自己专业特点、科研开发等技术与基地单位进行技术交流与合作，建立良好的合作关系。建立相应的校外实验实践教学指导组织、规章制度和管理办法。

(10) 实践教学成果考核

要鼓励教师和各学院研究实践教学的课题，撰写关于实践教学的高水平论文，关注实践教学改革。鼓励学生研究实践问题，解决实践问题，取得社会实践成果，服务于社会和企业。加强对实践教学的学分管理。校内实践教学活动是教学过程的延续和重要内容，是教师带领学生在教室和实验室完成的实践活动，是学生提高动手能力、熟悉专业操作的过程，考核成绩应记入学分或者可置换学分。校外社会实践活动是师生在假期和业余时间，在校外参加的社会调研和社会服务、基地实习和自主创业活动，应鼓励设置相应的学分考核。

2. 实践教学管理体系——学生方面的管理

学生方面的管理包括：实践教学成绩考核、实验实训和毕业论文（设计）、学风和兴趣、自主参与实践活动。

（1）实践教学成绩考核

依据教学计划，完成规定实践教学内容，经教师对学生的综合考核结果计入个人成绩单。学校要根据自身条件，在学生的培养计划、专业设置、课程设置、考试和考查、校内勤工助学、为社会提供服务、实验实训和实习、实习基地建设、承担科研项目和课题、参与社会活动、聘请专家讲座，课内教学方法和教学实践甚至个人创业等诸多方面建立健全校内实践体系，降低实践成本，提高学生的实践能力和实践成绩。

（2）实验实训和毕业论文（设计）

要求学生在毕业前要独立完成相关实验实训和毕业论文（设计），借此考查学生独立操作的能力和解决问题的能力。教师要重视毕业论文完成的环节和细节，从论文选题、拟订方案、下发任务书到文献综述、开题答辩、论文撰写、论文查重、论文答辩等各个环节都要一一经过检验。应用型本科商科专业要加强与企业、科研部门的联系，建立稳定的实践教学基地，让学生到相关单位自选课题，培养他们解决问题的能力和综合应用。

（3）学风和兴趣

要认识到实践教学对于提高学生的综合素质、培养学生的创新精神与实践能力的特殊作用。培养学生对于实践教学的兴趣，形成勤于思考、勤于实践、兴趣浓厚、求知欲强，善于学习的良好学风。低年级学生以认知实践为主，立足系统概念培养，使之了解与专业密切相关的一些理论、方法和技巧，并通过一定的操作实践，增强他们对专业的感性认识与基本操作技能，激发学生的求知欲和成就感，养成良好的学习习惯，为其后续课程的学习提供条件，此类实践主要在校内实验室完成。高年级学生要通过综合训练，培养学生科学、规范的学习和研究方法，使学生掌握实验实践的设计、实现过程、结果分析、实验报告起草的综合能力，为未来的就业创造必备条件；了解科技创新的基本过程，增进创新意识，并与时俱进。

（4）自主参与实践活动

教师要充分研究各专业的培养目标、培养内容，探索因材施教的实践教学方法，丰富教学内容，为校内外实践教学创造有利条件。特别要发挥学生的积极性、主动性和创造性，并通过参加实践教学活动，最终提高实战能力、提升综合素质、增加社会经验、增加收入和轻松学习。高校要把提高学生就业能力和满意度作为学校基本的工作目标，关注大学生的就业率、专业对口率和收入水平，跟踪调查其工作状态、工作能力和工作快乐指数。

3. 实践教学体系——教师方面的管理

教师方面的管理包括提升业务素质和实践能力、保证一定的时间和精力投入、改革教学方法和教学手段、完善实践教学活动效果考核、鼓励个人社会兼职和发挥引领作用、创新实践教学模式和构建合理的教师队伍。

（1）提升业务素质和实践能力

教师要具有较高理论水平、较强实践能力和丰富的实践教学经验，这是对教师实践教学的基本要求。要培养教师热爱教育事业，掌握教育理论、教学技能，坚持实践是检验真理的唯一标准，坚持理论联系实际的工作作风；要有良好的教风和职业道德，爱岗敬业，为人师表，拥有良好的教学态度和教学水平；不断钻研业务，把握学科和专业发展前沿，提高自己的科研能力和专业水平；独立思考，培养分析问题和解决问题的能力和实践能力。要鼓励教师定期深入到行业、对口单位挂职锻炼，参与科研和技术开发，进行社会调查研究，获得对教育客观规律的正确认识和对教育理论的深刻理解。

（2）保证一定的时间和精力投入

教师在实践教学中投入必要的时间和精力，既是主动行为、自愿行为，更是学校制度规定的必须行为。教师要认识到实践教学能力是教师的必备能力、实践教学对提高学生能力的必要性，主动、自觉、自愿的投入时间和精力，参与实践教学活动，提高实践能力。学校应鼓励教师并在制度上保证一年最少参加社会实践活动的时间，做到时间保证、效果保证，并尽可能量化考核指标和体系。

（3）改革教学手段和教学方法

教师要主动应用现代教学手段。采用计算机多媒体辅助教学、仿真技术、网络实验技术等现代技术手段和教学工具，充分利用网络优势，建设精品课程和专业课程互动的数字平台，实现资源共享，实现网络教学的组织创新、管理创新、实践创新和理论创新；体现系统设计、分层展开、重点突破、逐步深入的教学体系，使实验实践教学形象逼真，增强学生对专业环境的体验和感受，充分调动学生学习研究的积极性，激发创新思维，提高分析问题、解决问题的能力，实现学生自主建构知识体系。

教师要不断创新教学方法。教师要从根本上改变传统的“教”与“学”的概念，学生不再是一个被动地接受由教师传授课程内容的角色，而是积极的“学习者”；教师要教育、引导和激励学生主动学习；开展互动、合作、研究式学习，使学生发现问题、解决问题；丰富教学内容，提升教学质量。一些先进的教学方法值得推广学习，比如山东工商学院管理学院俞国方教授等首创的“团队积分教学法”[①]。

(4) 完善实践教学活动效果考核

完善考核机制。考核机制要具有导向性、全面性、客观性和公正性，要改革对教师的考核及考核结果的使用，让教师在合理受控的基础上获得更多的自主权。在教师考核方面，给予参加社会实践的教师减免理论教学工作量，为实践教学考核设置尽可能量化的指标，为职称晋升创造与科研工作并重的指标和指数。

明确考核内容。对教师实践教学能力的考核应视同理论教学和科研水平的考核，努力对教师作出公正、公平、全面和科学的评价。在教师晋级时，既要重视教学评价中的课堂教学效果的评价，也重视实践教学效果的评价；既重视理论知识考试，也重视实践动手能力考核，制定利于师资结构良性调整的激励措施。

(5) 鼓励个人社会兼职和发挥引领作用

教师在业余时间和假期，应有选择的做一些兼职社会工作，充分参与企业的各项工作，发挥自己的专业优势，服务于社会，体现自身价值；还要尽量引导和带领学生结合专业和课程特点，开展形式多样的课内外实践活动，提升学生的学习兴趣。教师通过自己实践活动，或者带领学生参与一些社会实践活动为社会和企业创造效益，提升学生的实战能力，积累实践知识；带领学生从事一定的科研工作，提高学生发现问题、分析问题和解决问题的能力，提高师生的科研水平、教学质量和学习质量，提高服务社会的能力，提高学校的知名度和美

---

① 俞国方，娄美珍.“团队积分”教学法的理论与实践[J].教育评论，2006(2)：15－18.

誉度。

(6) 创新实践教学模式

探索适合不同专业和课程特点的实践教学模式。教学模式就是在某一教学思想和教学原理的指导下,围绕某一主题,为实现教学目标而形成的相对稳定的规范化教学程序和体系,是包括教育思想在内的行为范式,是联结教学理论与教学实践的中介与桥梁。商科专业实践教学应研究学生的特点和需求、结合专业和课程特点,把提高教学质量、提高学生满意度、提高就业能力作为模式创新的主线,加强学生的基本技能训练、专业技能训练与创新能力训练,并充分体现以学生为中心的教学理念。

(7) 构建合理的教师队伍

第一,按实践教学的目标要求,做好师资队伍的建设规划。应鼓励高学历、高职称的教师每年有一定的时间承担实践教学工作,参与实验室建设工作,并制定相应的激励政策。从企业或研究院(所)聘请有实践经验的专业技术人才或者事业有成人士到校兼职、定期对教师开设实践教学方面的讲座,模拟实战活动,充实学校实践教学的师资队伍,丰富学生的实践教学内容,第一时间聆听来自社会实践一线的声音、接触第一手的资料和案例,促进产、学、研相结合,提高教师的实践教学水平和理论水平。培养实验指导教师为专职实践导师;或者聘请社会导师做校企合作实验室导师;从校外聘请专业技术人员担当实践教学导师,使理论教师和实践导师保持合理的比例,密切学校与社会的联系,密切学生与社会的联系,组建一支以专职为主、专兼职结合的实践教学师资队伍。

第二,配备专业导师和就业导师。最好由专业导师兼任就业导师。专业导师是大学生在校四年期间学习上的领航者人,就业导师是大学生就业的引路人。对于实行学分制的高校,专业导师和就业导师的配备更加必要。专业导师可以培养学生的专业意识,树立专业的自信心和荣誉感;指点学生进行专业学习,特别是指导专业课程选择;全过程及时辅导学生的社会实践活动;引领学生尝试专业科研工作;为学生走向社会铺路搭桥。配备就业导师就是要全程对学生大学四年的学习、生活和就业指导,为大学生学习和就业保驾护航。

第三,重视教师发展和柔性引进。教师的质量和教师的工作质量决定了培养学生的质量。知识经济条件下人才使用更为灵活,高校一方面可以充分利用互联网跨地区、跨国界招贤纳士,实行弹性工作制和项目责任制,灵活办公场所;另一方面也要加大对有发展潜力的教师的教育培训,更新知识,打造终身学习的良好氛围。重视人才的物质和精神激励，充分调动员工的积极性、主动性和创造性，探索新的教师管理办法。提高教师的实践能力，将实践经验作为高校应用学科专业教师的准入条件，并建立高校与社会的交流机制。

（七）实践教学保障体系

实践教学保障体系是指学校的资源设备管理、学习环境和后勤服务工作等，是开展实践教学活动的必备条件。

1. 资源设备管理

第一，要保证正常的实践教学秩序。为保证实践教学体系的运行，学校必须保证语音室和实验室的及时维护、充分利用，做到设备数量满足、开放时间合适；网络资源环境和硬条件达到基本要求，网络运行速度快、软件更新及时、硬件维护及时；图书馆的图书数量品种充裕、信息资源丰富、开放时间合理、服务条件优良、图书整理及时、管理服务到位、服务设施齐全；提高教辅部门管理水平，提供良好的综合服务，解除师生的后顾之忧。通过合理预算，保证维修经费的投入和设备的依次更新，降低管理成本，保证正常的教学秩序。

第二，要提高资源设备使用效率。可尝试的“三学期制”，把实验、实践教学集中在小学期完成。一方面，减少理论与实践教学在时间上的冲突，充分使用实验室设备；另一方面，方便教师合理安排理论教学和实践教学的时间和内容，精心设计每一个实验和实训项目，保证了实践教学的质量。同时，也便于落实四年一贯制的实践教学活动计划，具有较好的灵活性。

第三，要提高投资效率。学校主管部门要定期召开协调会，加强各职能部门的协调和合作；加强各学院间的横向联合和合作，开展综合科研课题和综合实验项目的研究；整合校内人才资源和设备资源，提高投资效率。

2. 后勤服务

后勤服务工作涉及面广，工作繁琐事无巨细，但是后勤服务直接关系着学校的发展，关系着学生对学校的满意度，关系着实践教学组织和管理的各项工作。为保证实践教学活动的正常开展，后勤服务部门要提供良好的服务。要不断提高食堂菜品质量，不断改善食堂卫生状况；加强教室、宿舍、办公环境的设施管理，做到设备设施的及时维修。树立服务意识，树立为师生服务的意识，拥有良好的服务水平、服务能力和服务质量；明确服务人员的工作岗位职责，提高服务水平，改善服务作风和服务态度。加强学校安全保卫工作，保证师生的安全、舒适、方便、和谐的生活、工作和学习环境。

（八）实践教学评价与反馈体系

评价与反馈体系是实践教学体系调整完善、形成新一轮良性运行的关键，因为它是结果的考评和信息反馈的回流点和起点。根据反馈结果，调整办学思路、修订教学计划、健全实践教学体系，在制度、组织、人员、设备、经费、时间和内容等方面保证实践教学工作的顺利开展，形成新的学生培养周期，为社会造就适用的各类人才。

1. 社会对学生实践活动的评价

社会对学生实践活动的评价包括实践或实习单位对学生综合能力评价、对学生实际操作能力和职业能力的评价。社会对学生综合能力评价是对学校和学生实践活动的总体印象和评价，对学校实践教学目的、内容的评价；对学校实践教学组织、实施工作的评价；对学生实习、实践态度的评价；对双方合作关系的评价。对实际操作能力和职业能力的评价主要是对在本单位实践学生的具体评价。这是检验学校理论和实践教学质量、检验培养学生质量的最直接的评价渠道。它属于外部评价、工作性评价、总结性评价。

2. 教师对学生实践活动的评价

教师对学生实践活动的评价包括对学生在实践活动中表现出的综合能力评价以及对学生掌握专业知识、课程理论和实践能力的评价。其中，综合能力评价是对学生参加所有实践活动的能力评价和综合评价，评价实践活动是否与培养目标、培养要求保持一致，评价实践内容对学生的适宜程度以及评价实践教学的效果。专业知识、课程理论及实践能力的评价是结合专业和课程要求，对学生应具备的特殊专业能力进行的评价，分析与培养目标的差距，根据评价结果，及时调整教学计划和培养方案，及时调整实践教学的内容，提高实践教学的效率。它属于内部评价、形成性评价、目标本位评价和工作性评价。

3. 专家对实践活动的评价

在校教学工作委员会下设立的各种从事教学管理和教学质量监控工作的专家组织、教学督导组是学校教学质量监控不可或缺的重要力量。专家对实践活动的评价主要包括专家对学校实践活动的综合评价、对专项或专题实践教学活动的评价。其中，对学校实践活动的综合评价是对学校所有实践教学活动的综合评价，包括实践教学的时间安排是否合理，比如实践教学的总课时数、每门课程实践教学与理论教学的比例、每学期或学年实践教学的具体时间安排；实践教学的内容安排是否合理，与学校的定位和培养目标是否保持一致；实践教学的途径安排是否合理，包括校内外途径使用的充裕程度；实践教学的组织是否严密，学校和学院两级的积极性是否充分调动；实践教学是否达到预期效果。对专项或专题实践教学活动的评价是对教师组织学生所作的某专项或专题实践教学活动效果的评价，一般指专业性较强的实践教学活动。它属于内部评价、诊断性评价、目标游离评价、决策性评价和研究性评价。

4. 学生对实践教学的评价

学生对实践教学的评价包括学生对列入学校实践教学计划的所有实践教学活动的总体评价、学生对学校组织的各项实践教学活动的兴趣和效果评价。其中，前者是指学生对在校期间自己实际参与的实践教学活动的总体评价，包括对实践教学目的、内容、组织、效果的评价，对教师的评价，对实践和实习单位的评价。后者是学生对某项实践活动的评价，比如对专业实践和课程实践的兴趣和效果的评价。如果学生没有参加实践教学的兴趣，就不能在实践中检验理论知识的真伪，就不能获取社会所必需的各种能力，就达不到学校的培养目标和培养要求。所以，实践教学的效果如何取决于学校、学院、教师的培养方案、组织工作、实践内容、实践方式等，只有学生亲自参加实践教学活动，才有可能获取社会所需要的综合能力，提高就业竞争力。它属于内部评价、总结性评价、目标本位评价。

三、本章小结

应用型本科院校商科专业实践教学的综合性是单元教学无法替代的，实践教学体系的构建和完善，有助于学校、教师、学生明确目标，使管理者明确考核的对象和内容，激励约束学生学好理论、提升综合能力，有助于学生个性发展。构建实践教学体系应遵循的基本原则是“以学生为中心”原则、系统性原则、开放性原则、前瞻性原则、协调性原则。商科专业实践教学体系包括目标体系、内容体系、途径体系、管理体系、保障体系和评价与反馈体系 6 个要素体系，具体表现为实践教学体系中的实践教学目标、实践教学内容、实践教学的途径、实践教学的管理对象、实践教学保障和实践教学评价与反馈。六个子系统之间存在着内在的逻辑关系是目标体系中依据评价内容,确定学校发展的各项重要战略,是决策系统;内容体系中制定实践教学各项内容、明确实践教学途径是实践教学体系中的过程系统;管理体系和保障体系即管理系统;评价与反馈体系是实践教学体系的结果评价系统。

第六章 个案研究

本章从实践教学体系结构、实践教学目标导向、实践教学内容、实践教学途径、实践教学管理和实践教学保障等方面，分析了南京晓庄学院财务管理专业的实践教学体系建设情况，以此验证前述章节论述的应用型本科商科实践教学体系构建的理论模型。

一、案例研究目的及财务管理专业简介

南京晓庄学院为江苏省和南京市共建的全日制公办本科院校，办学历史可追溯至1927年3月由伟大的人民教育家陶行知先生创办的晓庄试验乡村师范。2000年，原南京市师范专科学校、南京教育学院、南京市晓庄师范学校合并升格举办本科教育。学校坚持以学生发展为中心的教育理念，实施教学质量提升工程，构建以公共基础课程、学科专业课程、综合实践课程、研究拓展课程和职业生涯课程为主要形式的课程内容结构体系，加强教学条件支持体系和教学质量保障体系建设。学校现有国家特色专业1个、国家专业综合改革试点专业2个、省品牌专业1个、省重点专业8个；省卓越工程师教育培养计划试点专业3个，省卓越教师人才培养试点专业2个。拥有4个省重点建设学科、9个市重点建设学科；有省基础教育资源网络化工程技术研究中心1个、省高校重点建设实验室1个、省高等教育人才培养创新基地1个、省基础课实验教学示范中心5个、省实验教学与实践教育中心3个；获得省级以上高等教育教学成果特等奖2项、一等奖4项、二等奖2项。下面以该校财务管理专业为例，具体阐述实践教学体系构建实施的全过程。

（一）案例研究目的阐述

在第五章应用型本科实践教学体系理论模型构建的基础上，笔者以南京晓庄学院为研究案例，来研究该校财务管理专业的实践教学体系。之所以选择该专业是因为笔者具有相应的专业背景，对专业设置以及教学内容较为熟悉，而且笔者对财务管理专业有多年的教学管理经验，结合财务管理专业实践教学的经验，通过设计问卷对该专业的师生进行详细的调研，得出实证数据来分析财务管理专业实践教学体系实施现状和教学效果，讨论该专业在应用型人才培养目标的设置、实践教学活动安排以及相关资源环境配置等方面存在的不足，寻求解决方案，从而达到优化该专业实践教学体系的目的，为区域经济的发展源源不断地输送具有创新创业能力的优秀人才。

（二）财务管理专业介绍

南京晓庄学院财务管理专业于2012年申报设立并获得教育部批准，2013年正式招生。南京晓庄学院商学院有效整合了校内学科资源，加强国际合作，并通过与行业龙头企业开展校企合作引进社会资源，组建了一支优秀的教学团

队，遵循应用型、复合型人才培养规律，改革与创新人才培养模式，构建了完整的以实践综合能力培养为核心的财务管理人才培养体系。目前，该专业以通过江苏省普通高等学校新设专业评估。

二、财务管理专业实践教学体系结构——“12531”模型

（一）实践教学体系构建思路

1. 明确目标

结合学校培养高素质应用型、创新型人才的目标，以培养和提升学生实践能力和创新精神为着力点，贯彻“以学生为中心”的教育理念，坚持“以提高综合素质为根本，以强化实践能力为核心，以培养具有厚实理论修养、扎实专业技能的高素质应用、创新型人才为目标”的教学目标，实施因材施教和个性化培养，将职业素养、实践能力和创新思维的培养贯穿于专业实践教学的始终。

2. 优化内容

根据知识与能力增长规律，按照能力培养体系设定各相应的知识传授、技能训练及综合应用教学环节，在内容上除设置与课程教学相联系的实验实习外，增加按不同专业方向、模块化的项目型和技术设计型、创新型等多种形式的校内校外实习实践项目。

3. 建立平台

从教学内容、形式、手段改革入手，建立以培养学生的专业基本能力、专业拓展能力、设计创新能力为核心，以理论验证为基础，综合设计为提高，创新实践求发展的分层次实践教学平台，包括实践教育中心平台、实习实训基地平台、创新创业平台。

（二）“12531”模型

“12531”模型具体讲就是：一体两翼、五模块、两途径、三平台、一中心，如图6－1所示。

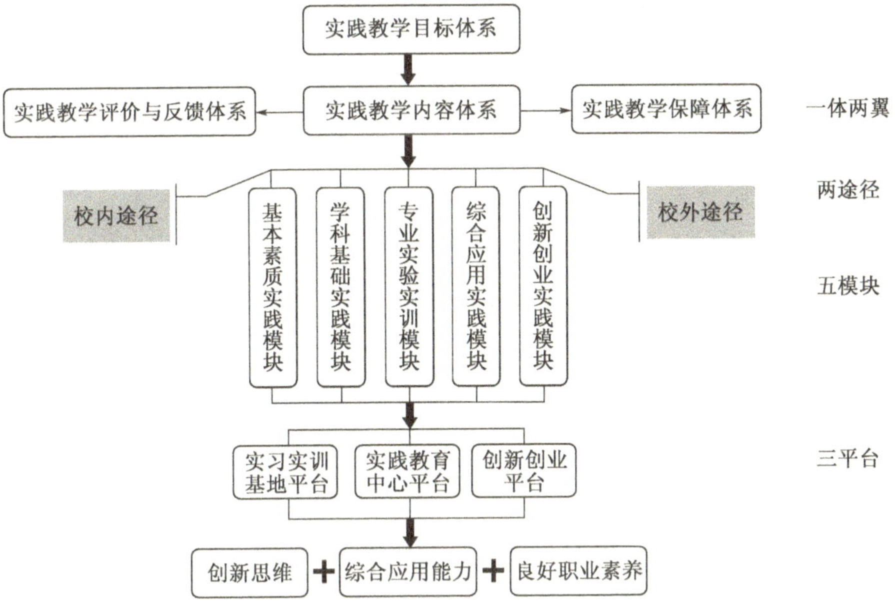

图 6－1　“12531”实践教学体系

1. 一体两翼

“一体两翼”是指以实践教学内容体系为主体、实践教学保障体系和实践教学评价与反馈体系为两翼。其中,实践教学内容体系是核心,实践教学保障体系是支撑,实践教学评价与反馈体系是保障,三者相辅相成,共同构成实践教学的完整体系。

2. 五模块

“五模块”是指实践教学内容模块,即 5 个子系统,包括基本素质实践模块、学科基础实践模块、专业实验实训模块、综合应用实践模块、创新创业实践模块。五个实践模块的设计遵循人才培养的一般规律，紧密衔接、分层递进，共同构成系统化的实践教学内容体系。

基本素质实践模块。主要培养学生的基本素质和基本技能,实践课程设置含军事训练、生产劳动、计算机基本操作能力、外语听说读写应用能力、口才辩论和演讲等。

学科基础实践模块。主要培养学生人文经管学科基本技能,实践课程设置含财经写作、社会调查分析、应用统计软件的使用、网页制作与处理等。

专业实验实训模块。主要培养学生专业实践能力,实践课程设置为各专业专项实验实训内容，包括专业课程实验、课程设计、课程论文、岗位业务基本流程的认识实习等。

综合应用实践模块。主要培养学生综合实践能力，实践课程设置含专业综合实验、独立实验、综合模拟实训、学科学年论文、毕业实习、毕业论文、职业（岗位）技能竞赛等。

创新创业实践模块。主要培养学生的创新创业能力，实践课程设置含科技创新活动、科技发明设计、创业模拟运营、创业计划大赛、学科（专业）竞赛活动等。

3. 两途径

"两途径"是指应用型财务管理实践教学内容的实现需要通过校内与校外结合、课内与课外结合共同完成。

4. 三平台

"三平台"是指实践教学平台的构建内容，包含实践教育中心平台、实习实训基地平台、创新创业平台。

实践教育中心平台。主要由校内实验室搭建，根据实验室承担的具体实验教学任务及功能分为公共基础实验室、学科基础实验室、各专业实验室、综合实验室以及开放实验室等，主要完成课程实验教学和开放实验任务。

实习实训基地平台。包括校内实习实训基地和校外实习实训基地。校内实习实训基地主要由公共实习实训基地、专业专项实习实训基地组成，主要完成实践教学体系中专业和学科实习实训教学任务；校外实习实训基地主要承担实践教学中专业能力的培养。

创新创业平台。主要是指学校为学生科技创新、学科专业竞赛和创新创业等活动提供的专门实验室或创新基地以及提供的项目和优惠政策等，用以满足大学生创新创业和素质教育的需要。

5. 一中心

"一中心"即以"综合应用能力"培养为中心，同时注重创新能力和良好职业素养的塑造。应用型财务管理人才的培养关键要打破过去建立在学科体系上的知识结构，变知识的输入为能力的输出，将知识模块整合成能力模块，根据能力培养的需要构建模块化的实践教学方案。

三、实践教学目标体系:形成多层次的目标体系

实践教学目标体系是由应用型人才培养目标体系决定的。《南京晓庄学院本科生人才培养方案(2013年版)》中关于财务管理专业学生培养的目标是:根据财务管理专业定位以及行业和区域经济发展需求,本专业培养适应现代财务管理发展需要,具备人文精神、科学素养和诚信品质,具有经济学、管理学、法律、理财、金融等相关基本理论知识;掌握扎实的财务管理学科基本理论和专业知识;经过系统化的专业技能实践训练、具备分析和解决企业财务、金融问题的基本能力;能在各类营利性或非营利性单位从事会计、财务管理、审计、资产管理等相关基础工作;具有较高职业道德素养与综合素质的复合型、应用型专业人才。

(一)思想领域目标

具有坚定正确的政治方向,热爱社会主义祖国,拥护中国共产党的领导;掌握马克思主义、毛泽东思想和邓小平理论的基本原理;树立正确的世界观、人生观和价值观,愿为社会主义现代化建设服务,为人民服务,有为国家富强、民族昌盛而奋斗的志向和责任感;具有敬业爱岗、艰苦奋斗、热爱劳动、遵纪守法、团结合作的品质,具有良好的思想品德、社会公德和职业道德。

(二)知识领域目标

具有经济管理和财务与金融的基本知识,熟悉有关会计、财务管理工作的法律法规,了解国内外本专业领域的最新成果和发展趋势,具有分析和解决财务、金融问题的基本能力,具有专业以外的人文社会科学、自然科学以及文化艺术方面的基础知识,具有较宽厚的文化修养和良好的审美修养。

(三)能力领域目标

本专业学生主要学习财务、金融管理方面的基本理论和基本知识,受到财务、金融管理方法与技巧方面的基本训练,具有综合分析和解决财务、金融问题的基本能力。具体来看,毕业生应获得以下几方面的知识和能力:

(1)掌握管理学、经济学和财务与金融的基本理论、基本知识。

(2)掌握财务、金融管理的定性、定量分析方法。

(3)具有较强的语言与文字表达、人际沟通、信息获得能力及分析和解决财

务、金融管理实际问题的基本能力。

（4）熟悉我国财务、金融管理的方针、政策和法规。

（5）了解本学科的理论前沿和发展动态。

（6）掌握文献检索、资料查询的基本方法，具有一定的科学研究和实际工作能力。

（四）身心领域目标

本专业毕业生应当具有健康的体魄、良好的心理调控能力和较高社会适应性，形成自觉锻炼身体的行为习惯，能够正确处理自己与他人、自己与自己的关系，具备就业、创业与持续发展的良好身心素质基础。

根据我们的调研，目前财务管理专业毕业生对口的就业岗位主要有：①会计核算岗位。工作内容包括填制和审核会计凭证、登账、财务收发、月度报表和年度报表的编制、纳税申报和解缴、会计档案管理以及会计信息系统的使用等。②资金管理岗位。主要办理银行贷款和还款业务、客户信用信息管理、往来款管理等。③投资理财岗位。主要从事经济政策、市场信息的收集整理，提出投资理财的建议。④注册会计师审计岗位。主要从事报表审计工作。经过三至五年的磨炼毕业生们逐步走上会计主管、财务主管、投资主管、审计项目负责人等工作岗位，工作角色由业务操作型向管理决策型转变。新增的工作要求包括会计管理、控制，税收筹划和税务关系处理，财务分析和预测、执行和决算，财务政策、制度的制定，融资方案的设计，项目的可行性分析，风险管理，内控设计，审计风险评估，与客户沟通，职业判断能力等等。不同岗位、不同层次对实践能力的要求不同，我们按照“宽口径、厚基础、重能力、强实践”的培养思路，在制订培养计划时要兼顾各岗位的要求。

根据上述工作要求，我们把财务管理专业学生的实践能力具体归结为以下几个方面：①会计核算；②税收筹划；③财务制度、内控制度设计；④成本管理、控制；⑤财务分析；⑥融资方案设计；⑦投资分析决策；⑧报表审计。

四、实践教学内容：以学生能力培养为核心

实践教学内容主要包括三方面内容，即理论水平和研究能力、实战水平和胜任工作的能力、实践教学的具体内容。提高学生的理论水平和研究能力的目的还是让学生学会思考、学会学习、学会知识，并最终转化为能力。实战水平和

胜任工作能力的提高是实践教学的根本目的。实践教学的具体内容包括实践教学环节、实践教学考核、实践教学比例和实践教学的方法。采用课内与课外实践相结合、校内与校外实践相结合的多元化的实践教学体系，丰富了学生的实际教学活动。商学院商科专业的实践教学内容存在于公共基础课程、学科专业课程、综合实践课程、研究拓展课程、职业生涯课程五大类课程之中，贯穿于四年人才培养的全过程，实施于实训、实验、专业调研、专业实习见习、综合实习、毕业论文（设计）、创新创业训练等各实践教学环节之中。具体见图 6－2 所示。

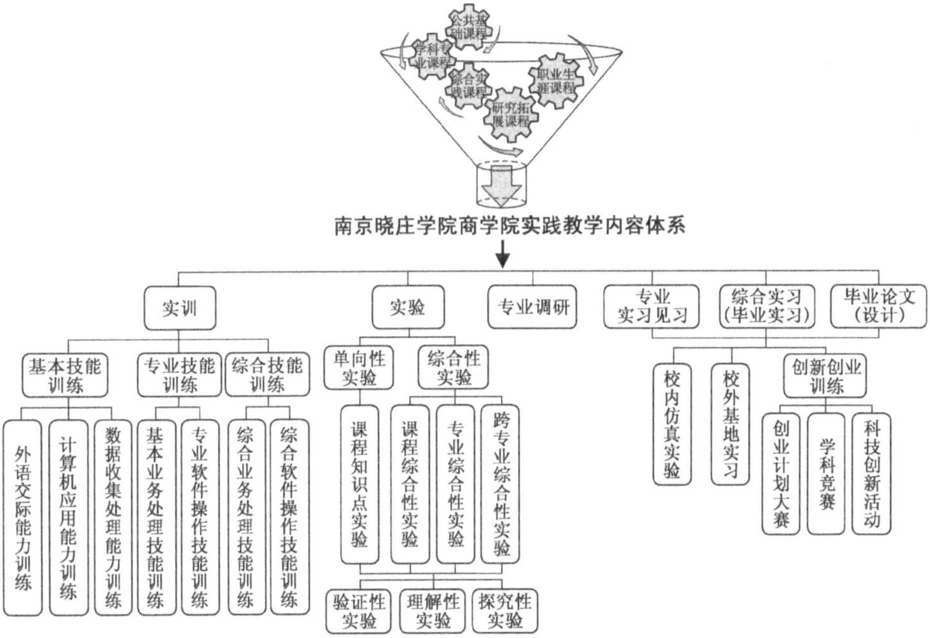

图 6－2　实践教学内容体系

（一）提高理论水平和研究能力

学校搭建创新实践平台，鼓励学生参与科研，提高理论水平。学校每年都要组织有实际经验的教师命出科研课题，学生根据各自的兴趣、爱好，选择不同的课题，自主开展研究；学生在参与教师承担各级各类科研项目的过程中，培养了创新思维和创新能力，部分学生据此申报立项了校级、省级大学生创新创业训练项目。此外，学校专门设立了 SRTP 科研基金，为批准立项的学生提供科研资金支持。在教师的带动下，学生进行社会调查和撰写论文的积极性越来越高,近四年来财务管理专业学生公开发表学术论文 18 篇。

(二)打造品牌项目,提高实战水平和胜任工作的能力

学院鼓励并辅导学生参加各类职业证书考试,力求使学生的实际能力和操作技能与企业的需求实现无缝对接,尽量使学校学生走出校门时做到"首岗胜任,受益终生"。

财务管理专业学生毕业时约有 98.5%的同学取得会计从业资格证书,约有 36.4%的同学取得初级会计师证书,这为他们的就业竞争力增添了有力的砝码(如表 6-1 所示)。

表 6-1 财务管理专业学生专业资格证书通过率

年级	会计从业资格证书		初级会计师	
	人数	占比	人数	占比
大二	58	29%	0	0
大三	138	91.4%	16	10.6%
大四	127	98.5%	47	36.43%

学院鼓励学生积极参与省级、国家级的各项职业技能比赛。一方面,通过比赛与其他高校师生展开交流;另一方面,亦可通过比赛检验我们的教学质量、学生的竞争能力(如表 6-2 所示)。近四年来,南京晓庄学院财务管理专业学生每年都在参加的学科竞赛中获得了较好的成绩。

表 6-2 近四年来财务管理专业学科竞赛获奖情况一览表

获奖年份	竞赛项目名称	获奖等次	获奖人次
2013 年	"用友新道杯"第九届全国大学生创业设计及沙盘模拟经营大赛	江苏赛区二等奖(团体)	6
	"航信杯"第一届全国大学生财税技能大赛	国赛唯一金奖(团体)	6
	国信杯"赢在江苏"理财高手大赛	第一名(团体)	10

续表 6-2

获奖年份	竞赛项目名称	获奖等次	获奖人次
2014 年	“用友新道杯”第十届全国大学生创业设计及沙盘模拟经营大赛	江苏省决赛二等奖（团体）	12
	“航信杯”第二届全国大学生财税技能大赛	国赛三等奖（团体）	6
2015 年	“用友新道杯”第十一届全国大学生创业设计及沙盘模拟经营大赛	江苏省决赛二等奖（团体）	12
	“航信杯”第三届全国大学生财税技能大赛	国赛二等奖（团体）	6
2016 年	“用友新道杯”第十二届全国大学生创业设计及沙盘模拟经营大赛	江苏省决赛三等奖（团体）	12
	“航信杯”第四届全国大学生财税技能大赛	国赛团体第二名	8

为了让更多的学生参与到学科竞赛中来，我们首先组织财务管理专业的学生参加校内选拔赛，然后从中选取表现优秀的学生作为参赛队员参加省级、国家级比赛。

（三）充分论证，丰富实践教学内容

1. 科学制定实践教学方案

依据教育部《普通高等学校本科专业目录和专业介绍（2012 年）》的要求和陶行知先生“教学做合一”精神，南京晓庄学院财务管理专业通过校内外专家严谨的论证调研，制定了符合学校专业定位的《财务管理专业培养方案》。

按照学校人才培养方案制定的有关规定，由教研室专业老师组成人才培养方案制定小组，走访企业和兄弟院校，进行专业调研，对市场人才需求进行分析和总结，教研室制订人才培养方案，由学院教学指导委员会和校外专家进行论证，再经过学校教务处审核、归档、颁布执行（具体流程如图 6-3 所示）。

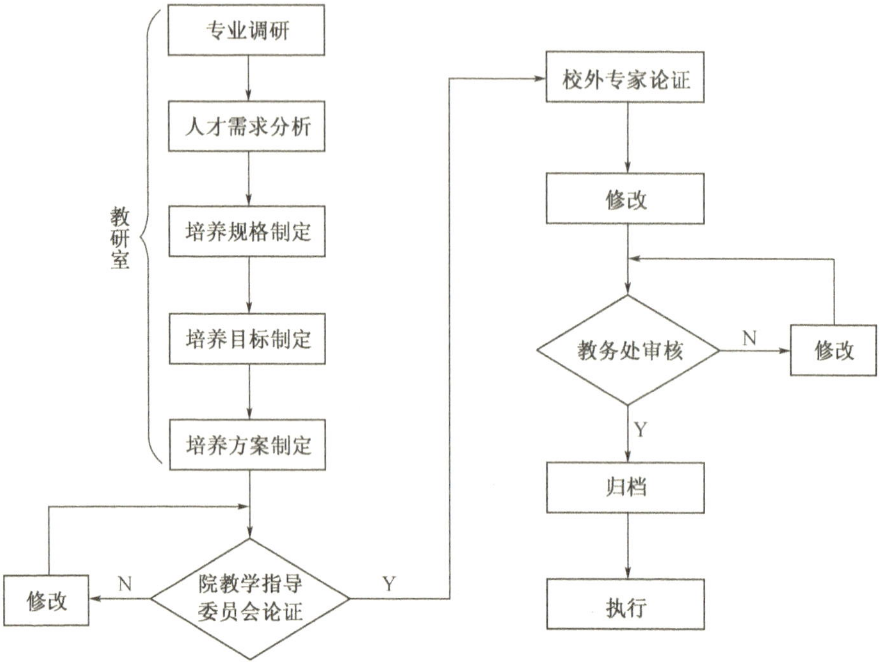

图 6-3　人才培养方案制定流程

人才培养方案的制定需要经过两次论证:学院教学指导委员会论证和校外专家组论证。学院教学指导委员会由学院教学经验丰富的教授组成,校外专家由我们聘请的多位南京大学、河海大学等著名高校和企业高级财务管理人员组成。我们还建立了稳定的专家数据库,以便于管理和联系。

人才培养方案的制定的论证重点是:

(1) 专业定位与专业培养目标;

(2) 教学计划的完整性;

(3) 应用型、复合性人才的培养;

(4) 课程设置的衔接性;

(5) 实践教学环节的比例性。

此外,为了不断适应职场需求,商学院每年都会对新一届的财务管理专业人才培养方案进行修正及论证。

2. 改革教学方法与手段

传统的单一教学手段难以完成以"能力培养"为目标的综合性实践教学内容,所以教学方法的改革很关键。教学中,教师运用多种教学手段,并强调调动学生的学习能动性。

调动学生学习能动性表现为重视学生的主体地位，强化学生在教学过程中的参与意识，把交互式教学、案例教学、模拟教学、任务引领式教学等教学方法融入教学实践中。案例分析通过设计模拟情境使抽象的教学内容变得具体、生动，教师启发引导，充分调动学生的主动性，让学生独立思考，自主应对和解决案例中的问题，提高其分析问题、解决问题的能力。比如，项目决策案例分析、财务舞弊案例分析等。任务引领式教学是通过提前给学生下达任务目标，并为其创造一定的条件，由学生独自或团队协作完成。比如进行社会调查、毕业实习等实践活动。教师在课堂教学中，根据教学内容和教学对象的不同，有时单个运用上述教学方法，有时则综合地运用上述教学方法。比如会计手工模拟实验课程、跨专业综合实验即在会计仿真实验里模拟真实场景，完成"出纳报销""银行结算""会计凭证编制""报税"等实务操作实训；如 ERP 沙盘课程，模拟企业竞争环境，采取团队合作形式进行对抗比赛等等；再如财务管理案例及经济法实训课程，更是以大量的案例为主线，先将学生分组组成团队，每个团队负责一个案例分析，然后每组以 PPT 及组间辩论的方式进行讨论，最后由教师点评。

多种教学手段表现为利用通讯视频技术、网络技术、多媒体技术等现代化教学手段(如建设网络资源课程、精品视频公开课程、开发微课和慕课)，加速财务管理知识的传播和更新，使财务管理教育突破传统的课堂教学，提供给学生一个更为广阔的学习空间。目前已经开发了校级优质资源共享课程 2 门、校级精品视频公开课程 1 门。

3. 根据能力培养需求，增加综合性开放性实践内容

本专业实践学分占总学分的 25%以上。作为能力培养的重要环节，实践教学不能只作为理论教学的一种验证，教学内容应该具有多样性、立体式灵活多变等特点。所以，在实验教学内容的安排上应尽量减少验证性实验。要对原有实践教学的内容进行全面整合，将单一的课程实验内容加以整合，开设跨课程、跨学科的综合性实验；将传统手工和电算化实验加以整合，开设跨平台的综合实验；将校内校外的实践内容加以整合，开设开放式实践教学。实践活动的综合性越强，对知识的综合应用要求越高，需要团队的协作、交流沟通、探索学习、接受新的挑战，因此，更多的综合性开放式实践活动不仅能够全面提升学生综合应用能力，还能培养其职业道德和创新意识，提高学生综合素质，真正满足高素质应用型人才培养目标的要求。具体的课程和教学环节设计见表 6 - 3 所示。

表 6 - 3 财务管理专业基于能力培养需求的教学环节设计

能力培养		课程和教学环节设计
基本工作能力培养	学习能力	通过课程教学与实践过程，逐渐培养学生良好的学习习惯和获取知识的能力
	沟通与管理能力	“管理学”“商务沟通”课程以及第二课堂、社会实践、实习、校园文化等活动
	外语应用能力	“英语”和其他外语课程，课外培训，参加国家外语等级考试
	计算机应用能力	“大学计算机应用基础”课程、网页制作
专业应用能力培养	会计核算	“基础会计”“中级财务会计”“高级财务会计”“会计信息系统”“审计模拟”课程及“会计核算实务”实践教学活动
	投资理财	“财务管理”“投资学”“财务成本管理”“财务报表分析”“投资理财专题”等课程以及“企业理财实务”等课外实践教学活动
	税务申报、税收筹划	“经济法”“税法”“税收筹划”和课外实践
	报表审计	“会计”“财务成本管理”“税法”“经济法”“公司战略和风险管理”“审计”“会计审计模拟”和课外实践教学活动
综合应用能力培养	理论创新	毕业论文设计、大学生科研计划、课程论文写作
	运用创新	毕业论文设计、大学生科研计划、大学生创新创业训练、大学生创业计划、应用型课题研究、学科竞赛，参加学生创新创业实践基地活动

4. 制定科学的质量监控体系

没有科学合理的质量监控体系，再完美的教学方案也无法保证得到很好的实施，再好的教学方法也难以取得很好的效果，实践教学就会流于形式，最终导致教学目标落空。所以，完善的质量监控体系是实现财务管理专业实践教学目标的重要保障。总之，要改变目前主体单一、环节单一、方法单一的考核模式，就要坚持整体质量观，重视教学质量形成过程多因素分析和质量要素整合效益，对课堂教学、考试和实践教学等各个环节进行全方位的过程监控。在具体实施教学质量监控中，主要从以下几个方面入手：

(1) 实施"三位一体"的监控

为确保较好地实现人才培养目标，商学院将教学质量监控列为常规工作，根据自身的发展特点并结合实际，建立了由教学委员会、教学督导组、教研室"三位一体"的监控组织，构建了一个动态、多层面的教学质量监控体系。

第一，教研室监控。教研室作为基层教学单位，是实施教学质量监控最直接、最关键的组织，是保证教学质量提高的基础。教研室通过组织学生、同行对教师教学活动全程进行评价，经常性地对教师的教学活动进行听课和检查，促进教师教学水平提高。

第二，教学委员会和教学督导组监控。教学委员会和教学督导组是常设的教学质量监督机构。教学委员会主要由院领导、教授、教研室主任及专业负责人组成，教学督导组由学院四名资深在职或退休骨干教师组成，从整体上规划和执行教学质量的监控。教学督导组、教学委员会成员深入教学一线，随机进行课堂听课与现场观摩，及时了解教学情况，发现并解决一些教学中存在的问题，保证教学工作的正常进行。

(2) 开展三段式教学检查

每学期，学院配合学校开展期初、期中、期末三段式教学检查。一是期初教学检查。期初教学检查主要以教学准备为重点。由教学督导组对教学设备、教材配备、教室安排、本学期所开课程的教学大纲、教学进度表、教案的准备情况进行全面检查。二是期中教学检查。期中教学检查以教学过程为重点。由教研室以召开学生座谈会、问卷调查等形式，检查各教学工作进展情况是否符合教学大纲要求、教学效果如何等；每学期期中还坚持开展一次"三课"(即新教师的汇报课、普通教师的研究课和名师示范课)，开展专业教师之间的相互听课学习，规定每学期每个教师至少要听 3 堂课，研究教学内容，切磋教学方法，互相促进和提高。三是期末教学检查。期末教学检查以检查教学任务的完成情况为重点。通过教师互评、师生互评、教师自评等方式对一学期的教学过程、教学质量、试卷命题工作是否符合教学大纲要求以及教学效果进行总结；教学督导组检查各教研室和教师的教学总结，分析整个学期教学工作的主要成绩和问题。

(3) 建立教学与绩效考核挂钩的机制

通过把教师教学质量评价结果与教师职称晋升、岗位聘任、年终考核等挂钩,不仅调动了教师提高教学质量的积极性,而且让教师和教学管理人员的质量意识得到明显加强,形成了全员参与教学质量管理活动的氛围。

每年学校教务处均会组织学生对教师教学情况进行测评,测评指标主要包括师德教风与教态、教学内容与方法、教学效果三个方面12个具体指标。财务管理专业教师获优秀评价(90分以上)的比例为100%。

五、实践教学途径:校内途径和校外途径

校内实践教学途径主要指实验室仿真教学活动、课堂实践教学活动、学科竞赛与社会实践活动、校企合作实训实习活动、校内勤工助学活动。校外实践教学途径主要指基地的实习活动、自行联系的实习活动、学校组织的校外实践活动等。

(一) 校内实践教学途径

1. 建设高水平的实践教学师资团队

(1) 打造专职"双师型"教师队伍

财务管理专业的专任教师中有现有5名"双师型"教师。这些"双师型"教师都具有相关行业的中、高级资格证书,并从事过相应的职业工作,有丰富的实务经验。如有的老师曾在某企业集团任财务总监、有的教师有8年以上的专职会计从业经历,他(她)们现在仍然在业余时间为一些中小企业代理记账及提供财务咨询。学院鼓励专职教师到企业挂职,以获取更多的实务经验。此外,商学院一直根据课程综合化发展的需要,加大交叉学科、"双师型"优秀人才、紧缺人才以及高学历教师的引进力度。

(2) 建设高水平的兼职教师队伍

一方面聘请兄弟院校的3位专业教师作为兼职教师,承担部分专业实践课程的教学;另一方面,通过校企合作,聘请10位校外高水平行业专家承担综合素质与测试、综合实训、实习指导、讲座等课程教学工作。具体见表6-4。

表 6-4　财务管理专业外聘教师名单

序号	姓名	单位	职务
1	王　雄	塞拉尼斯(中国)投资有限公司南京分公司	风险合规主管
2	张俊杰	南京爱信诺航天信息培训中心	培训中心主任
3	黄兴华	南京爱信诺航天信息培训中心	培训中心课程经理
4	付雪婷	苏州航天信息有限责任公司	企业级咨询高级讲师
5	庄　骅	苏州航天信息有限责任公司	企业级咨询资深讲师
6	涂荣学	用友新道科技有限公司	江苏区技术咨询总监
7	袁　征	华泰证券南京中央路第三证券营业部	项目经理
8	梁明霞	江宁地税局稽查分局	副局长
9	朱长宏	都邦财产保险股份有限公司	总经理
10	管正华	同花顺股份有限公司	副总经理

(3) 注重青年教师的培养

对新引进的青年教师,本专业无一例外都会指派经验丰富、责任心强、具有高级职称的教师担任他们的指导教师,在教学与科研上予以指导。按照“导师制”的要求,首先由指导教师制定出具体的指导方案,指导教师与青年教师探讨教学方案,分析教学重点和难点,帮助青年教师制定教学方案,并与青年教师互相听课,对课堂教学中反映出来的问题,及时给予指导,并在培养结束时提交培养情况的总结,以此来促进青年教师尽快成长,保证其走上讲台之初就有较好的教学质量。

2. 注重实践教学研讨

财务管理专业通过“青年教师教学竞赛”“优秀网络课程建设”“汇报课、示范课、研究课”教学研讨等教学活动创新课堂理论教学和实践教学方法。

3. 提高校内实践场所的利用效率

为提高学生的实践应用能力,用足用好校内实验室资源,特别是对于财务管理专业,充分运用经济管理实验中心,推行以用友 VBSE 实验室为平台的仿真模拟实验室实践教学,使学生在比较接近企业现实的情形下,体验管理业务流程、开展企业经营管理活动,该系统仿真模拟程度接近 90%,使财务管理专业的教学在课堂上实现了从理论向实践的一体化延伸。

4. 积极开展学科竞赛等第二课堂活动

学校鼓励教师带领学生参加各种创业大赛及各种竞赛，提高学生的实践能力。近年来，学生在“用友杯”全国财经类院校大学生 ERP 沙盘模拟对抗赛、“航信杯”全国大学生财税技能大赛、“挑战杯”全国大学生课外学术科技作品竞赛中获多项奖励。

（二）校外实践教学途径

在近四年的财务管理专业办学过程中，南京晓庄学院已经与 16 家企业单位签订了合作协议，建立了稳定的实习和实训基地。基地数量与质量能够满足教学要求，校外实习基地均有合作协议。实习基地涉及制造型企业、贸易型企业、会计师事务所、税务局等多种类型。建立了 3 个校企融合、深度合作的实习基地（江苏航天信息有限公司、苏州航天信息有限公司、用友新道科技有限公司）。

江苏航天信息有限公司是财务管理专业产教融合基地，双方在以下几个方面开展合作：

1. 作为南京晓庄学院财务管理专业学生就业基地

近三年来，南京晓庄学院财务管理专业每年均有 5～8 名学生进入江苏航天信息有限公司入职就业。

2. 共建实验室

在建设中央财政支持项目“财务会计创新实验室”过程中，江苏航天信息有限公司为实验室的税务模块建设提供了良好的建议与支持，并承诺为实验室建成后向税务机关、企业单位开放提供相应的资源与帮助。

3. 联合开发实践课程和教材

根据企业对财税人才技能的需求和学校的实际情况，商学院与江苏航天信息有限公司协定共同建设三大类、八门实践类线上课程，并编写相应的实践教材。

4. 共同指导全国大学生技能大赛

于 2013 年开始，南京晓庄学院财务管理专业与江苏航天信息有限公司共同指导商学院学生参加全国大学生财税技能大赛，共有 36 名同学获得一、二等奖，2013 年获得团体一等奖，2016 年获得全国团体第二名。2013 年，南京晓庄学院承办了该项比赛江苏赛区总决赛项目。南京晓庄学院与江苏航天信息有限公司合作申请获批为教育部财税等级考试(ATT)南京市考点,商学院共有近150名学生获得财税等级考试(ATT)从业级证书,财务管理专业的学生约占95%。

5. 师资互换

2014年起,南京晓庄学院商学院就聘请了江苏航天信息有限公司高管担任财务管理专业教学指导委员会校外专家,参与专业建设,并聘请江苏航天信息有限公司等企业十余名师资担任南京晓庄学院"综合素质与学习检测"课程主讲教师和来校开设系列讲座;江苏航天信息有限公司聘请商学院李燕老师担任企业培训课程主讲教师。"航天信息CFO成长计划"项目是江苏航天信息有限公司开展的高端财税人才计划课程,涉及专业知识、互动平台、资源共享等多个层面,该项目目前对南京晓庄学院教师免费开放。

6. 完成企业见习项目

每学期安排财务管理专业学生到企业参观和见习,让学生了解企业,了解生产流程和设备设施工作原理,学习企业文化,体验企业生活。这样有助于学生理论联系实际,提高学习兴趣和培养他们爱岗位敬业的精神。

7. 完成顶岗实习项目

在第7学期暑假,根据企业需求工种和用工条件,安排部分学生在企业实践教师指导下实现轮岗实操培训,熟悉企业一线相应岗位的实际操作标准与要求,提升职业岗位技能,做到与工作岗位"零距离"对接,为顶岗实习奠定坚实基础;第8学期按照"双向选择"的原则,安排部分学生进行顶岗实习,拟定就业岗位,以"准员工"身份进行顶岗实际工作,熟悉企业环境,感受企业文化熏陶,完成毕业设计,为将来的就业铺设道路。为保证实践教学的效果,双方共同制定了一系列较为详细的实习、见习规范,确立起完善的实践教学模式。近三年来,每年均有20余人次进入企业顶岗实习。

六、实践教学管理体系:学校、教师和学生

学校宏观管理主要涉及办学理念、办学类型、定位文件、内部监督和控制机制、教学计划的制订和调整、课程体系和专业课程板块建设、实践教学学分比例、实践教学经费来源和投入、组织机构的建立健全、实验室设备及管理制度、

建立实习基地的鼓励政策、实践教学成果的考核等方面。

（一）健全制度建设，规范教学管理

为确保较好实现人才培养目标，商学院从质量建设、质量管理、质量评估等方面入手，建立了一系列符合现代先进教育思想和管理理念的教学质量管理制度与办法，包括商学院本科生导师制、商学院关于教学管理的有关规定、商学院关于教学监督工作的规定、商学院关于教研室活动的规定、商学院关于考试及成绩的管理规定、商学院关于听课评课的规定、商学院教材建设及管理办法、商学院教学改革与教学质量提升工程实施意见、商学院教学委员会工作职责、商学院鼓励教职工参加学术会议管理规定、商学院论文指导管理规定、商学院二级督导规定、商学院实习工作实施规定等。

教学质量监控包括输入、过程、输出三个程序，具有收集、诊断、反馈信息的功能。通过教学质量监控体系的运行，广泛地收集来自各个层次、各个方面的有关教学工作的信息，在此基础上对收集的信息进行统计和分析，按照人才培养质量的目标进行诊断和评价，并把诊断信息反馈给学院领导、教学委员会和任课教师。因此，学院根据自身的发展特点并结合实际，建立了由教学委员会、教学督导组、教研室“三位一体”的监控组织，构建了一个动态、多层面的教学质量监控体系，根据管理职能，在不同层次上实施质量监控，起到了一个调控、协调及决策的作用。

对教学质量的监控主要是通过对教学过程实施评价来体现的。因此，为了科学而有效地实施教学质量监控，必须不断完善教学评估制度，建立一套科学合理的方法体系。在具体实施教学质量监控中，主要从以下几个方面入手。

1. 教学信息监控

每学期学院配合学校开展期初、期中、期末三段式教学检查，通过对日常教学秩序的检查，收集常规教学信息，及时了解、掌握教学中存在的问题，并针对不同情况对教学环节和管理环节进行适当的调整。在三段式检查过程中，教研室作为最基层教学单位，是实施教学质量监控最直接、最关键的组织，是保证教学质量提高的基础。教研室通过组织学生、同行对教师教学活动全程进行评价，经常性地对教师的教学活动进行听课和检查，促进教师教学水平的提高。因此，教研室是教学质量监控系统中具体落实教学质量监控措施，促使体系运转的操作系统，也是整个体系顺利运作的关键。

2. 教学委员会与教学督导组监控

商学院常设的教学质量监督机构是教学委员会和教学督导组，教学委员会主要由院领导、教授、教研室主任及专业负责人组成，从整体上规划和执行教学质量的监控。教学督导组、教学委员会成员深入教学一线，随机进行课堂听课与现场观摩，倾听师生意见，及时了解教学情况，发现并解决一些教学中存在的问题，保证教学工作的正常进行。

3. 建立绩效挂钩的考核机制

通过把教师教学质量评价结果与教师职称晋升、岗位聘任、年终考核等挂钩，不仅调动了教师提高教学质量的积极性，而且让教师和教学管理人员的质量意识得到明显加强，形成了全员参与质量管理活动的氛围。

（二）优化实践课程体系，突出能力培养

专业设置是直接与职业、学科和人的全面发展相关联的，而职业影响专业是通过岗位课程来实现的，学科影响专业是通过学科课程来实现的，人的全面发展则是通过通识课程来实现的。基于以上考虑，财务管理专业课程结构体系设计按照人的知识全面发展、人的能力全面发展、职业岗位的实际需要，以职业资格认证为载体，强化专业应用性特色，注重职业技能和应用能力培养，以适应人才市场的需求。具体来说我们构建了包括“公共基础课程＋学科专业课程＋综合实践课程＋研究拓展课程＋职业生涯课程”的五大类课程结构体系。课程模块与职业资格证书相对应，职业资格证书与岗位能力需求相一致。通过四年的学习，学生毕业时可同时获得学历证、学位证、从业资格证。

1. 理论课程教学体系

将课程划分为三个模块，即通识课程模块，包括通识教育课程和工具素质课程；专业课程模块，包括专业基础课程、专业必修课程；方向课程模块，包括专业方向课程等。实践项目融于这三个模块之中，并贯穿整个教学过程。通识课程打造通识知识和通用能力的公共平台，专业课程搭建系统的学科知识体系，方向课程培养满足岗位需求的财务管理应用型人才。概括起来，即实现通识课程平台化、专业课程学科化、方向课程岗位化。

2. 实践课程教学体系

依据财务管理专业人才培养目标，以“认识—学习—体验—实践”为路径，

将大学四年按分成四个不同层次阶段的实践工程，即专业认识实践、课程学习实践、岗位体验实践和岗位顶岗工程，实践学分占总学分的25%以上。该实践教学体系集中体现出“层次化、全方位、多样性”的特色。“层次化”体现在从专业认知、课程学习、岗位实践3个不同层次，充分满足培养学生专业技能的需要。“全方位”体现在以学生为主体，实现课内实训与课外实践的结合、专业理论学习与专业技能比赛的结合、校内模拟实训与校外顶岗实习的结合。“多样性”体现在训练手段和形式上，既有手工实训，又有计算机训练；既有课程专项实验，又有沙盘综合技能实验；既有角色模拟体验，又有岗位真实实践，呈现出多样性的特色。总之，以实现岗位能力要求为标准，形成了集教学、竞赛、社团、科研、就业等功能为一体的财务管理实践教学体系，努力实现与就业岗位的零距离接轨。

（三）加大经费投入，改善实践环境

财务管理专业近四年专业建设投入经费累计约达803万元，主要用于实验室建设、购买图书、人才培训、人才引进和二次配套等；本专业本科教学运行日常支出经费约65万元；实践教学经费为400元/生/年，均为学校拨款。教学日常运行经费和专业建设经费能满足专业教学基本要求。

七、实践教学保障体系：资源设备和后勤管理

（一）加快基础设施建设步伐，打造良好的资源平台

1. 图书资料条件建设

财务管理专业创办后，为满足本专业师生获取学科前沿知识的需要，四年内学校投入资金约218.4万元，新购专业相关图书资料28 761册。学校拥有与本专业有关的中文期刊28 156册、外文期刊605册，分藏于学校图书馆及学院资料室。此外，校图书馆还购买了网易公开课（TED、MOOC）、中国知识资料总库（同方知网），国研网—经济与教育数据库、维普期刊整合资源平台、万方知识服务平台、国家社会哲学社会科学期刊数据库、国道特色专题数据库、中国社会科学引文索引、超星移动知识资源、读秀学术搜索服务平台、SpringerLink、CALIS、EBSCHOST、百链云图书馆等电子资源。专业图书和期刊（包括电子资料、网络数据库购买等）数量较充足、种类较全，更新较快，为本专业的教学与科研创造了良好的条件。

2. 实验室条件建设

目前，在校内建设了会计手工实验室、专业基础实训室、ERP 沙盘实验室、会计电算化实验室、跨专业综合实室、财务信息化创新实验室、统计实验室等，基本能够满足实验实训课程教学需求（如表 6－5 所示）。

表 6－5 财务管理专业实验室

序号	实验室名称	实验室面积(m^2)	实验室人员配备（人）	仪器设备（台、件）		仪器设备总值（万元）
				合计	万元以上	
1	专业基础实验室	120 m^2	1	63	2	38.40
2	会计手工实验室	120 m^2	1	2	—	1.16
3	ERP 沙盘实验室	120 m^2	1	51	1	30.02
4	会计电算化实验室	120 m^2	1	63	1	33.17
5	跨专业综合实验室	312 m^2	1	105	5	164.17
6	智慧金融与金融云创新实验室	224 m^2	1	164	15	337.24
7	财务信息化创新实验室	312 m^2	1	24	24	199.00
合计		1 328 m^2	1	472	48	803.16

利用上述实验条件，2013 年 10 月，商学院成功承办了 2013 年“航信杯”全国大学生财税技能大赛；2014 年 4 月 29 日，商学院与用友新道江苏分公司联合举办了“产教融合创新人才培养机制暨经管实践教学改革研讨会”，全省 50 多所高校代表参会。大赛和研讨会的举办促进了南京晓庄学院财务管理专业与其他兄弟院校的经济交流，扩大了南京晓庄学院财务管理专业知名度。

（二）变革后勤管理理念，营造良好校园环境

在“后勤管理”的子系统中，主要有后勤工作服务水平、食堂和宿舍服务水平、服务人员的工作作风和工作态度、学校及周边治安状况等都会影响到实践教学效果。后勤工作繁琐，难以出现工作的亮点；后勤管理部门相对于学院人员多、素质参差不齐，但是后勤工作又是学校各方面保证的有力支持和保障。特别是在学分制下，后勤工作与教学管理密不可分，直接关系到学生的衣、食、住、行的生活问题、学习条件与学习环境的优化。近几年来，学校努力提高后勤

工作服务水平，提出“24小时有应答、48小时解决问题”等多项承诺，受到了师生的好评。多数服务人员的工作作风和工作态度有较大改善，但是可以改善的空间还很大。如果管理者能够树立服务意识、人人尽职尽责，我们所期待的实践教学体系的良性运行一定不是一句空话。

八、本章小结

本章以南京晓庄学院财务管理专业实践教学体系构建为例，验证了本研究所提出的商科专业实践教学体系理论模型，尽管有许多仍在验证中的工作，但可以看出该实践教学体系运行的初步效果。

展　望

高校实践教学的综合性是单科教学无法替代的，实践教学体系的构建和完善，有助于学校、教师、学生明确目标，使管理者明确考核的对象和内容，激励约束学生学好理论，提升学生的综合能力，有助于学生的个性发展。应用型本科院校商科专业实践教学的研究，应该更加突出其与区域产业需求结合密切的特点，“以需定产”，构建适合学生特点的专业和课程，形成自己的学科优势和办学特色，突出办学的差异性，培养区域社会经济发展所需要的综合能力和素质较高的各类专业人才。

本研究的不足之处是对实践教学体系构建的子系统还缺乏进一步的精确与细化，对于应用型本科院校缺乏深度的指导意义。此外，由于考虑问题的角度不同，实践教学体系构建的因素难免挂一漏万。本研究的创新点也许还不够突出，研究还应该再深入一些，所以在今后的工作中需要继续关注这些问题的研究和发展。

参考文献

[1] [德]鲁道夫·普法伊费尔,傅小芳.项目教学的理论与实践[M].南京:江苏教育出版社,2007.

[2] http://www.huaue.com/unews/2009827102650,著名高等教育专家潘懋元先生到皖西学院讲学.

[3] J. Valimaa. Recent Changes in the Finnish Higher Education Policy[Z] (unpublished report). in: John Davies, Thomas Weko, Lillemor Kim, and Erik Thulstrup. Thematic Review of Tertiary Education: Finland [R]. OECD, 2006.

[4] 蔡则祥,刘海燕.实践教学理论研究的几个角度[J].中国大学教学,2007(3).

[5] 陈学飞.美国高等教育发展史[M].成都:四川大学出版社,1989.

[6] 辞海编辑委员会.辞海[M].上海:上海辞书出版社,2000.

[7] 戴晓霞,莫家豪,谢安邦.高等教育市场化[M].北京:北京大学出版社,2004.

[8] 德国职业教育的经费模式[D/L]http:/www.edu.cn/20010823/207942.shtml.

[9] 董大奎,刘钢.德国应用科技大学办学模式及其启示[J].教育发展研究,2007(21).

[10] 樊千.会计学专业实践教学体系创新探索[J].中国大学教学,2008(7).

[11] 房红.应用型本科院校金融学专业实践教学体系的构建[J].实验室研究与探索,2013(12).

[12] 丰华琴.城市大学与英国教育体制[J].南京晓庄学院学报,2000(3).

[13] 付兴锋,张常年,尹天光,等.应用型本科人才培养中实践教学体系的构建[J].实验室研究与探索,2011(6).

[14] 高等教育质量报告:我国高等教育毛入学率已达40% 高于全球平均水平[N].中国政府网 http://www.gov.cn/xinwen/2016-04/07/content_5062041.htm.

［15］ 顾明远.教育大辞典(第一卷)[M].上海:上海教育出版社,1990.
［16］ 郝询,龙太国.试析教学主体、客体及主客体关系[J].教育研究,1997(12).
［17］ 洪林.国外应用型大学实践教学体系与基地建设[J].实验技术与管理,2006(12).
［18］ 霍绍周.系统论[M].北京:科学技术文献出版社,1988.
［19］ 江红英.中德高等职业教育比较研究[D].保定:河北大学硕士学位论文,2004.
［20］ 教育部.关于印发《国家教育事业发展第十二个五年规划》的通知[Z].教发〔2012〕9 号,2012-06-14.
［21］ 孔繁敏,郭淑敏,唐小恒,等.建设应用型大学之路[M].北京:北京大学出版社,2006.
［22］ 李秉德.对于教学论问题的回顾与前瞻[J].华东师范大学学报(教育科学版),1989(3).
［23］ 李定仁,范兆雄.教学要素与教学系统最优化[J].教育科学,2003(6).
［24］ 李刚.商务英语本科专业实践教学体系构建[J].外语电化教学,2014(11).
［25］ 李声吼,译.技职教育哲学——多元概念的探讨[M].台北:五南图书出版公司,2002.
［26］ 刘国买,谭铁群.基于提高就业能力的实践教学综合改革[J].中国大学教学,2010(12).
［27］ 刘国买.应用型人才综合素质和创新能力培养的探讨[J].中国大学教学,2009(7).
［28］ 刘少雪,刘念才.我国普通高校的分类标准与分类管理[J].高等教育研究,2005(7).
［29］ 刘亚珍.基于能力培养的高职实践教学体系的构建研究[J].职教论坛,2015(11).
［30］ 柳秉毅,徐锦康.创新实践教学体系注重应用能力培养[J].南京工程学院学报(社会科学版),2005(4).
［31］ 吕鑫祥.高等职业技术教育研究[M].上海:上海教育出版社,1998.
［32］ 马克思,恩格斯.马克思恩格斯全集(第 46 卷).北京:人民出版社,1974.
［33］ 马陆亭.高等学校的分层与管理[M].广州:广东教育出版社,2004(8).

[34] 麦可思公司.2010年中国大学生就业报告[M].北京:社会科学文献出版社,2010.
[35] 孟华峰.对德国职业教育的认识和思考[J].中国成人教育,2010(10).
[36] 南京师范大学教育系.教育学[M].北京:人民教育出版社,1984.
[37] 牛庆玮,等.学生创新能力培养的实践教学体系研究与实践[J].中国大学教学,2011(10).
[38] 潘菊素,傅琼.高职教育实践教学体系研究[J].职业技术教育,2006(7).
[39] 潘懋元.关于高等教育学科建设的若干问题[J].高等教育研究,1993(2).
[40] 潘懋元.应用型人才培养的理论与实践[M].厦门:厦门大学出版社,2011.
[41] 潘懋元.再论新建本科院校的定位、特色与发展[J].荆门职业技术学院学报(教育刊),2008,23(7).
[42] 秦春艳,才博.新疆新能源产业发展现状及对策研究[J].安徽农学通报,2009,15(22).
[43] 三江学院本科教学工作水平评估报告.2007.
[44] 邵永红,傅潇董.高职校企合作存在的问题与对策[J].科教文汇,2006(6).
[45] 沈奇,张燕,罗杨.应用型本科实践教学体系的构建与改革[J].实验技术与管理,2010,27(10).
[46] 沈奇,等.应用型本科实践教学体系的构建与改革[J].实验技术与管理,2010(10).
[47] 史新峰.物流管理专业实践教学体系的创新与实践[J].物流技术,2014(7).
[48] 宋兆珺,王爱玲.以就业为导向的实践教学研究初探[J].中国成人教育,2011(8).
[49] 谭敏.芬兰多科技术学院与应用型本科人才培养研究[J].大学,2011(2).
[50] 汤百智,杜皓.论高职实践教学过程的优化[J].职业技术教育,2006(1).
[51] 陶行知.教学做合一(原载1928年1月15日《乡教丛讯》第二卷第一期)//陶行知全集(第1卷).成都:四川教育出版社,1991.
[52] 陶行知.陶行知全集(第2卷)[M].长沙:湖南教育出版社,1985.
[53] 土章豹,刘光复,吴玉程.强化工科实践教学 培养学生的工程实践与创新能力[J].合肥工业大学学报(社会科学版),2006(4).

[54] 王建初,刘铭东.德国高等职业技术教育的师资队伍建设[J].比较教育研究,2005(9).
[55] 王雨田.控制论、信息论、系统科学与哲学[M].北京:中国人民大学出版社,1986.
[56] 韦佳,等.基于职业能力培养的应用型本科实践教学体系创建研究[J].实验技术与管理,2015(3).
[57] 魏克湘,等.工程应用型人才培养实践教学体系的研究与实践[J].中国大学教学,2011(1).
[58] 武书连.再探大学分类[J].中国高等教育评估,2002(4).
[59] 谢越,等.国内外高校环境科学专业实践教学体系的差异比较[J].大学教育,2016(12).
[60] 徐萍平,范晓清,谷波权.应用型本科经管专业实践教学体系构建与实施[J].高等工程教育,2010(12).
[61] 亚里士多德.亚里士多德全集(第九卷)[M].苗力田,编译.北京:中国人民大学出版社,1994.
[62] 闫卫锋,裴春燕.市场导向与就业能力培养[J].集团经济研究,2006(10).
[63] 杨春时,邵光远,刘伟民,等.系统论信息论控制论浅说[M].北京:中国广播电视出版社,1987.
[64] 杨洁.德国高等职业教育发达原因探析[J].山东商业职业技术学院学报,2010(6).
[65] 杨宗强,李杰,刘春英,等.构建"三层次五阶段"实践教学体系 培养应用型工科院校学生工程能力[J].实验技术与管理,2014(7).
[66] 尹宁伟.中国一流大学实践教学体系建构的新趋势[J].中国大学教学,2012(5).
[67] 尹宁伟.综合性大学本科实践教学体系的建构与思考[J].中国大学教学,2013(11).
[68] 张宝义,李斌,吴瑾瑾.财经类院校实践教学体系的构建与实施[J].中国大学教学,2010(9).
[69] 张德祥,崔景懿,徐涵,等.德国高等职业教育的培养模式[J].辽宁高职学报,2001,3(6).

[70] 张宏喜.应用型本科人才培养方案制定的原则与实践——对安徽科技学院应用型本科教育的思考[J].安徽科技学院学报,2009,23(1).
[71] 张继明.德国高等职业教育质量保障体系研究[J].石油教育,2006(5).
[72] 张芊.谈财经类高校新的实践教学体系的构建[J].南京审计学院学报,2005(1).
[73] 张有龙,赵爱荣.德国应用科技大学办学特色分析及借鉴——兼论我国应用型人才的培养[J].高等职业教育,2007(1).
[74] 赵志群.职业教育与培训新概念[M].北京:科学出版社,1999.
[75] 中国社会科学院语言研究所词典编辑室.现代汉语词典[M].北京:商务印书馆,1999.
[76] 周德俭,李创第,刘昭明.地方院校面向应用本科人才培养的实践教学体系构建与实践[J].黑龙江高教研究,2011(3).
[77] 周如俊.职业院校实践教学体系的构建综述研究:基于职业能力培养视角[J].职教论坛,2014(3).
[78] 周正钟.实践教育在高等教育体系中的效用浅析——实践教育:跨越现实与理想的桥梁[J].成人高等教育,2010(2).
[79] 朱方来,谭属春.高等职业教育实践教学内容体系的构建[J].高教探索,2005(5).

附录1　二级学院领导(或专业负责人、专业教师)访谈提纲

访谈对象：

访谈时间：

访谈地点：

访谈提纲：

1. 贵校商科专业的基本情况。
2. 实践教学在应用型本科教学体系中的地位与作用。
3. 一个完善的实践教学体系包括哪些具体方面？
4. 贵学院实践教学改革与建设的成效。
5. 贵学院现阶段在实践教学上存在的困难和主要问题有哪些？
6. 贵学院实践教学改革与建设的目标与主要任务。
7. 贵学院推进实践教学改革与建设的保障措施有哪些？

附录 2　关于商科专业实践教学的调查问卷

尊敬的老师、同学们：

感谢您能够接受我们的调查！商科专业实践教学是学校和学院(系、部)研究的重点和难点，这主要因为实践教学的效果直接关系到学生培养的质量和就业前景。我们此次调查的目的是了解商科专业实践教学的情况，为相关课题研究提供依据，以促进应用型本科商科专业的快速发展。本次调查是匿名的，结果只是用于科学研究，请您在填写时不要有任何顾虑，按照题目的要求真实填写。我们再次向您表示衷心的感谢！

课题组

一、您的基本情况

1. 性别：

A. 男(　　)　　B. 女(　　)

2. 所处年级：

A. 一年级(　　)　　B. 二年级(　　)

C. 三年级(　　)　　D. 四年级(　)

3. 所处专业类：

A. 会计学(　　)　　B. 物流管理(　　)

C. 财务管理(　　)　　D. 电子商务(　　)

E. 国际经济与贸易(　　)　　F. 经济与金融(　　)

G. 市场营销(　　)　　H. 旅游管理(　　)

L. 金融学(　　)

二、调查内容

1. 您认为商科专业实践教学的重要程度　(　　)

A. 重要　　B. 较重要　　C. 一般　　D. 不重要

E. 很不重要

2. 贵校商科专业实践教学的次数(每学期18周)　(　　)

A. 很多(大于等于14次)

B. 较多(小于14次大于等于10次)

C. 一般(小于10次大于等于5次)

D. 不多(小于5次大于等于2次)

E. 很少(1次以下)

3. 你们专业及课程实践教学的内容　(　　)

A. 很丰富　B. 较丰富　C. 一般　D. 不丰富

E. 很少

4. 学生对实践教学的兴趣　(　　)

A. 很大　B. 较大　C. 一般　D. 不大

E. 很小

5. 教师对实践教学的兴趣　(　　)

A. 很大　B. 较大　C. 一般　D. 不大

E. 很小

6. 贵校实践教学的时间安排　(　　)

A. 很合理(假期集中实践、每学期有见习、专业课有实验实践、实验室有开放性实验)

B. 较合理(假期集中与分散实践相结合、专业课有实践、专题实践和实验)

C. 基本合理(假期集中与分散实践相结合、实验室安排专业课实验)

D. 不太合理(实验室极少安排实验、假期极少有活动)

E. 很不合理(假期个人实习、没有安排校内实习活动)

7. 贵校实践教学的经费投入　(　　)

A. 充足　B. 较充足　C. 一般　D. 不充足

E. 很不充足

8. 贵校专业实践教学的经费来源　(　　)

A. 学校　B. 学院(系)

C. 校外行业企业　D. 自筹

E. 没经费

9. 贵校教学计划中实践教学占总学分的比重 （ ）

A. 1/3 以上 B. 约 1/4 C. 约 1/5 D. 约 1/10

E. 1/10 以下

10. 实践教学主要使学生在哪些方面受益 （ ）

A. 专业能力提高 B. 综合素质提升

C. 社会经验增加 D. 经济收入增加

E. 轻松学习

11. 贵校任课教师实践教学能力 （ ）

A. 很强 B. 较强 C. 一般 D. 较差

E. 很差

12. 贵校评价学生实践能力的指标体系 （ ）

A. 很完善 B. 较完善 C. 有一些 D. 几乎没有

E. 没有

13. 贵校校内实验室模拟活动次数(每学期 18 周) （ ）

A. 很多(大于等于 14 次)

B. 多(小于 14 次大于等于 10 次)

C. 需要就有,不多不少(小于 10 次大于等于 5 次)

D. 较少(小于 5 次大于等于 2 次)

E. 很少(1 次以下)

14. 你认为教师上课中的哪些活动可以看作是实践活动(可以复选) （ ）

A. 案例教学 B. 研究性学习

C. 学生自己讲课 D. 写论文

E. 师生互动的活动

15. 你认为实践教学活动次数应该 （ ）

A. 增加 B. 适当增加 C. 维持现状 D. 适当减少

E. 减少

16. 贵校专业实践教学中行业企业的参与程度 （ ）

A. 很强 B. 较强 C. 一般 D. 较差

E. 很差

17. 你通过何种途径参与企业实习　（　）

A. 学校集中组织去合作企业　B. 教师个人介绍企业

C. 企业到校园招聘实习生　D. 自行联系单位

E. 其他

18. 你认为制约实践教学发展的因素是　（　）

A. 领导不重视　B. 教学计划制订不合理

C. 社会提供的机会太少　D. 经费制约

E. 学生缺乏参与的积极性

19. 您对贵校实践教学还有哪些建议与意见？

附录3　财务管理专业实训实施情况访谈问卷(学生)

亲爱的同学：

您好！本次调查旨在了解财务管理专业专业实训的情况，帮助我们进一步改善财务管理专业实训教学安排。我们承诺此次调查不涉及任何个人隐私，你的任何回答都将被严格保密。因此请根据您的实际情况，真实作答，谢谢！

访谈对象：

访谈时间：

访谈地点：

访谈提纲：

1. 你参加的专业实训具体是如何开展的？
2. 专业实训与前面进行的项目实践和课程实验有联系吗？
3. 你觉得专业实训的学习效果如何？
4. 请你谈谈专业实训中指导老师的指导情况。
5. 你觉得专业实训的条件怎么样？能满足你的学习要求吗？
6. 你对专业实训有什么建议和意见？

附录4　财务管理专业毕业实习情况问卷调查

亲爱的同学：

你好！本次调查旨在了解财务管理专业大四学生毕业实习的情况，帮助我们进一步改善财务管理专业毕业实习的安排。我们承诺此次调查不涉及任何个人隐私，你的任何回答都将被严格保密。

因此请根据您的实际情况，真实作答，谢谢！

1. 你的性别是：

A. 男　　B. 女

2. 你参加实习的单位是（　　　　　　　　），实际实习时间为（　　）天。

3. 你对学习财务管理专业：

A. 喜欢　　B. 较喜欢　　C. 一般　　D. 较不喜欢

E. 不喜欢

4. 你对本次学校安排的毕业实习态度是：

A. 对自己帮助很大，非常支持

B. 对自己有一定的帮助，比较支持

C. 对自己没多大帮助，不太支持

5. 你参加这次毕业实习的初衷是：

A. 获得学分　　B. 检验学校学习知识情况

C. 了解未来真实工作环境　　D. 提升专业技能

E. 培养自己职场人际交往能力　　F. 其他

6. 你认为学校对这次毕业实习的时间安排是否合理？

A. 合理

B. 不合理。你认为最合理的毕业实习时间是（　　）天，在（　　）学期开始

7. 你本次毕业实习的主要实习内容是：

A. 会计核算工作　　B. 财务管理工作

C. 成本管理工作　　D. 预算管理工作

E. 社会审计和内部审计　　F. 其他

8. 你认为毕业实习的内容与前期学校教学内容联系：

A. 很紧密　　B. 较紧密　　C. 一般　　D. 联系很少

E. 没有联系

9. 你被安排的实习岗位与你擅长的专业知识相符程度如何？

A. 很相符　　B. 较相符　　C. 一般　　D. 比较不相符

E. 不相符

10. 在实习期间，实习单位指导老师给予你的岗前培训与岗中指导情况如何？

A. 很详细的指导

B. 一般性的讲解

C. 没有岗前培训，只在工作中进行指导

D. 没有工作中的指导，只有岗前培训

E. 没有任何指导

11. 在实习过程中，你对学校指导老师跟踪指导的情况如何评价？

A. 非常满意　　B. 满意　　C. 一般　　D. 较不满意

E. 不满意

12. 通过毕业实习，你认为自己得到的最大收获是什么？

A. 很好地检验了自己在校学习情况、接触了真实工作环境、专业技能得到了提升

B. 职场人际交往能力得到锻炼、分析和解决问题的能力得到锻炼、综合知识运用能力得到了提升、创新能力得到了培养

C. 其他

13. 参加毕业实习，你的困难在于：

A. 经济压力较大　　B. 专业知识欠缺

C. 实践能力不足　　D. 时间安排不当

E. 其他

14. 你对本次毕业实习有什么意见和建议？

后　记

本书内容来自于笔者负责的南京市高等教育人才培养创新实验基地项目“基于教学做合一的经管专业高素质应用型人才培养创新实验基地”的主要研究成果。在项目立项和研究过程中得到了许多评审专家、同行评议人和有关管理人员的悉心指导和无私帮助，在此谨向他们表示衷心的感谢！

本书是在“基于教学做合一的经管专业高素质应用型人才培养研究”研究报告的基础上修改、完善而成的。由衷感谢项目组成员丁茗老师、李燕老师、韩露露老师、柳莹老师对本研究项目申报和完成以及本书撰写给予的大力支持和帮助。

在本书的出版过程中得到了东南大学出版社领导和同志们的大力支持，特别是得到孙松茜编辑的鼎力相助，正是她的辛勤工作和敬业精神，本书才能得以如期出版。在此表示衷心的感谢！

在本书的写作过程中，笔者参考了大量的国内外同行的相关研究成果，从中得到了许多启示和帮助，在此也向这些成果的完成者们表示深深的敬意和谢意！

由于本书研究的内容所涉及的知识丰富而又复杂，而笔者的学识与经验有限，所以本书的观点和数据在系统性上难免会存在不妥和不足之处，恳请同行专家学者和广大读者批评指正。